리더십 역량의 효과적인 개발 가이드

꼴 지 로

입 사 해 도

일 등 으 로

임 원 되 기

꼴지로 입사해도 일등으로 임원되기

초판인쇄	2016년 2월 29일
초판발행	2016년 3월 07일
지은이	신원철
발행인	조현수
펴낸곳	도서출판 더로드
표지＆편집 디자인	오종국 Design CREO
일러스트	서설미
ADD	경기도 고양시 일산동구 백석2동 1301-2
	넥스빌오피스텔 904호
전화	031-925-5366~7
팩스	031-925-5368
이메일	provence70@naver.com
등록번호	제2015-000135호
등록	2015년 06월 18일
ISBN	979-11-955702-5-6-03190

정가 15,000원

파본은 구입처나 본사에서 교환해드립니다.

리더십 역량의 효과적인 개발 가이드

꼴찌로 입사해도 일등으로 임원되기

신원철 지음

도서출판 **더로드**
The Road Books

"역량을 기반으로 한 인사체계"

지난 수년간 필자가 고위공무원 후보와 기업의 임원 및 임원후보
그리고 팀장급을 대상으로 역량평가를 실행하고 평가결과를 바탕으로 피드백 하면서
느끼고, 필자 스스로도 새롭게 깨달은 것을 중심으로 정리하였다.

사례 ①

고졸출신 사원인 L상무는 어떻게 대기업의 임원이 되었을까?

K그룹 계열사에서 영업부문 본부장으로 근무하는 L상무는 2년 전 임원으로 승진하였고, 올해 그룹에서 실시한 임원급 역량평가에서 60여명의 대상자 중에서 3위에 해당하는 높은 평가점수를 받았다. 그는 고졸출신으로 입사 수년 후 야간 대학교를 졸업한 것이 그의 최종학력이다. 고졸출신인 그가 어떻게 명문대 출신 동료들보다 먼저 임원이 되었으며, 임원급 역량평가에서도 최우수 그룹에 속하는 점수를 받을 수 있었을까? 역량평가에서 전체적인 점수 뿐 아니라 개별 역량항목에서도 비교적 고르게 우수한 점수를 받았다.

필자가 며칠 후 전화로 역량평가 결과보고서에 대한 피드백을 하였다. 이 과정에서 그는 전체적으로 우수하게 평가를 받았음에도 불구하고 약간 보완이 필요하다고 지적된 역량 부분에 대하여 자신이 평상시 궁금한 부분을 알게 되었다고 좋아하면서 개발방법에 대하여 적극적인 질문을 할 뿐 아니라 꼭 만나서 코칭을 해달라고 부탁하였다.

며칠 후 직접 만나서 입사 이후 그의 과거 직장생활을 들었는데, 그에게서 발견한 가장 큰 특징은 입사 이후 우수한 성과를 내기 위하여 역량개발에 많은 노력을 해왔고, 현재 임원으로 우수한 역량을 보유하고 있으며 잘 발휘할 뿐 아니라, 지금도 자신에게 부족한 역량을 파악하고 적극적으로 개발 방법을 찾아서 끊임없이 노력하고 있다는 사실이다.

사례 ②

박과장은 승진을 위하여 무엇을 어떻게 준비해야 하는가?

D기업 영업부 박과장은 작년에 승진에서 탈락하고 올해 초 과장으로 승진하였다. 어렵게 승진을 하였기에 올 봄에 회사 연수원에서 4일간 진행된 신임과장교육도 과거와는 다른 자세로 동기, 후배들과 더불어 적극적으로 교육에 참여하였다. 교육의 주된 내용은 리더십역량 강화교육이었는데 교육과정을 마치고 나서 여러 가지가 혼란스러웠다. 인사부장이 올해부터 바뀌는 인사제도 교육에서 앞으로 팀장승진과 임원승진에 역량평가를 도입하여 반영한다고 하면서, 과장들이 지속적으로 자신의 직급에서 요구되는 리더십역량을 개발할 것과 나아가 상위직급에서 요구하는 리더십 역량을 개발할 것을 강조하였다.

또한 작년에 시범 실시한 '360도 다면평가'를 올해부터 모든 직급의 승진과 평가에 반영한다고 하였다. 회사의 공통역량/리더십역량/직무역량을 언급하면서, 특히 자신에게 필요한 리더십 역량을 개발할 것을 강조하였는데, 박과장은 자신에게 어떤 역량이 필요한 것인지, 또 상위직급에서 필요한 역량은 무엇이고 어떻게 개발해야 하는지, 역량평가와 다면평가는 어떻게 준비해야 하는지 난감할 뿐이다.

수년 전부터 사회 모든 부문에서 "역량"이라는 단어가 강조되고 자주 사용되고 있다. 뉴스에서 대통령은 국가역량을 강화해야 한다고 역설하고, 기업은 직원들의 역량개발을 강조하면서 역량을 중심으로 선발·배치·이동·승진·보상 등 "역량을 기반으로 한 인사체계"를 운영하고 있으며, 이를 위하여 역량평가를 실시하는 기업이 늘고 있다. 또한 대학생에게도 취업을 위하여 이제는 스펙이 아니라 역량 또는 직무역량을 개발하라고 강조하며 채용에서 면접을 강화하고 있다.

　도대체 역량이란 정확히 무엇이고 어떻게 개발을 해야 하는가?
　모든 사람이 대략적으로 역량이 무엇인지에 대하여 이해는 하지만 구체적인 질문을 하면 정확하게 이해하고 있는 사람은 별로 많지 않다. 그렇기에 누구나 역량개발을 강조하지만 사람마다 역량을 다르게 설명하는 경우가 많고 개발방법도 단편적이거나 서로 다르게 이야기 하는 실정이며, 심지어 왜곡해서 설명하고 있다.

　필자가 역량이나 리더십을 가르치며 느낀 것은 많은 사람이 역량을 중요하다고 인식 하지만, 정확히 무엇이고 어떻게 개발해야 하는지 잘못 이해하고 있는 경우를 많이 보았다. 이러한 현상은 일반 직장인 뿐 아리라 리더십을 강의하는 강사나 역량개발을 도와주는 코치나 컨설턴트에게서도 나타나고 있다.

강의 후에 참가자들이 역량을 이해하고 공부할 수 있는 책을 소개해 달라는 주문을 많이 받았으나, 아쉽게도 시중에 역량과 관련된 도서나 공개강좌가 별로 많지 않으며, 일부 책은 역량에 대한 개념과 특징에 대한 설명이 단편적이거나 불분명한 면이 있고, 외국 번역서 등 전문서적은 학문적이고 이론 위주로 설명이 되어 있어서 일반인이 이해하기 힘들고 활용하기 어려운 면이 있다. 또한 체계적인 교육과 강의는 별로 이루어지지 않고 있으며, 주로 일부 컨설팅회사 내부에서 도제식으로 교육이 이루어지고 있는 실정이다. 그러다 보니 주변의 많은 분들한테서 그 동안의 경험을 정리하여 책을 출간하라는 주문을 자주 들었다. 심리학이나 경영학을 전공하지 않은 필자가 이러한 책을 쓴다는 것이 부끄러워서 많이 주저했지만, 지난 수년 간 역량평가와 코칭 경험을 바탕으로 기업의 HR담당자나 일반 직장인들이 역량이라는 개념을 쉽게 이해하고 역량개발에 도움이 될 수 있는 도서를 출간하기로 결심하였다.

본 도서의 내용은 지난 수년간 필자가 1천여 명의 고위공무원 후보와 기업의 임원 및 임원후보 그리고 팀장급을 대상으로 역량평가를 실행하고 평가결과를 바탕으로 피드백과 코칭을 하면서 느끼고, 필자 스스로도 새롭게 깨달은 것을 중심으로 정리하였다.

1장은 직장에서 고성과를 내고 승진하는 직원의 특징이 무엇인지 살펴보았고, 2장은 역량의 개념과 특징을 이해하고 유사한 개념과 구분할 수 있도록 정리하면서 기업에서 활용하는 역량모델링에 대하여 설명하였고, 3장은 역량을 '3개 영역 6개 하위부분'으로 구분하고 설명하여 역량을 쉽게 이해하고 효과적인 개발방법을 찾기 쉽도록 정리하였다. 4장은 리더십 역량의 종류를 구분하였는데, 대부분의 HR전문가와 글로벌 컨설팅사들의 역량사전에 따르면 역량은 보통 20~25개로 구분하여 정의하고 있으나, 본 도서는 일반 직장인이 이해하고 활용하기 쉽도록 국내 많은 기업의 역량모델링에서 임원·팀장에게 주로 요구하는 역량을 정리하여 "12개 핵심역량"을 중심으로 정리하였다. 그리고 5장에서 피드백과 코칭을 수행하면서 터득한 효과적인 역량개발 방법에 어떤 것들이 있는지 제시하였으며, 6장은 많은 기업에서 일반적으로 활용하고 있는 역량평가 방법을 설명하였고, 7장은 자신의 목표를 달성하기 위하여 독자 스스로 자신이 개발해야 할 역량과 개발방법을 찾아서 로드맵을 작성할 수 있는 방안을 제시하였다.

본 교재는 역량에 대한 전문서적이라고 생각하지 않으며, 또한 학문적 내용이 깊다고 생각하지도 않는다. 다만 평범한 직장인들이 역량에 대한 개념을 정확히 이해하고, 자신의 역량 수준을 진단하고 자신의 특징과 강약점을 파악하여, 조직 내에서 자신이 달성하고자 하는 목표를 올바르게 설정하고 필요한 역량을 찾아서 스스로 역량을 개발할 수 있도록 실행방안을 제시하려고 노력하였다. 일반인들이 자기 역량의 특징과 강약점을 이해하고 필요한 역량을 개발하여 조직에서 임원이나 경영자 등 리더가 되고, 조직이 원하는 성과를 효과적으로 창출하는데 도움이 되기를 바란다.

2016년 새아침에

저자 **신원철**

"어떻게 하면 나의 역량을
개발하고 총 투입할까?"

일자리 창출문제가 심각한 사회문제로 대두되고 있다. 이는 비단 우리 나라만의 문제가 아니라 전 세계적으로 과학기술의 발달과 각종 소프트 웨어의 기술적 진보 결과를 하드웨어에 접목시키는 작업이 산업현장 곳 곳에서 일어나는 현상으로 인간의 노동이 일할 몫이 점점 줄어드는데 따 른 결과인 것이다.

산업현장 뿐아니라 거대한 관료조직, 기업, 군, 시민조직 등을 가릴 것 없이 혁신이 일어나고 있다. 또 혁신이 일어나야 조직이 침체하지 않고 살아남을 수 있다. 이런 급격한 변화에 임하여 각종 조직에서 인간의 역 량(Competency)이 중요한 평가요인으로 등장하고 있다. 물론 어느 때나 유능 한 인재를 갈망하는 것이 요즘이라고 특별한 것도 아니다. 또한 일자리는 적어지고, 일자리를 찾는 자는 많아져서 수급상의 불균형에서 오는 경쟁 의 심화로 야기되는 문제만도 아니다.

이런 급격한 변화환경에 인간의 능력(Ability)만으로는 조직을 활성화하 고, 조직을 미래지향적으로 운영해 나갈 수 없기 때문일 것이다. 그러므 로 종합적인 인간의 역량이 강조되는 것 아닌가 싶다.

이런 역량은 또한 이론만으로 무장되는 것은 아니다. 서점에 가면 이런 류의 책이 거의 범람한다고 할까? 하지만 대부분이 현장과 동 떨어진 이야기들이 많다. 역량은 경험을 통하여 얻어진 결과의 산물이다. 다양한 현장의 조건에서 최대한 지혜, 리더십, 도전정신, 응용력, 소통, 일체감 이런 모든 요인들이 종합적으로 발휘되어야 이를 역량이라 할 수 있다.

저자는 오랫동안 내가 직접 관찰해 왔다. 대기업에서 스카우트하여 국회라는 이질적인 기관에서 우수하게 적응했고, 그 후 가장 예민한 행정부의 일원으로 새로운 업무에 도전하고 체득했다. 본인 스스로 작은 기업을 세우고 경험하여 실패와 성공을 반복해 봤다. 그리고 경험을 통하여 우리 시대 모든 동료나 젊은이들에게 이를 바탕으로 도전하라는 현장의 목소리를 이론으로 정리했다.

기업에 처음 입사하면 역량이 꼴찌는 아니다. 서열상 뒤처져 있을 뿐이다. 이를 극복하려면 어떻게 나의 역량을 개발하고 총 투입할까? 고민해야 한다. 결과는 얼마나 정확하게 자기를 알고, 자기관리를 하느냐에 따라 장래는 갈린다. 평범한 요원이냐, 아니면 일등요원이냐 그 갈림길에서 선택해야하는 길목에서 자신에 대한 통어(적당한 말이 없어서 統禦라는 말을 써본다)가 매우 중요하다. 필자는 그런 자기 통어를 하고자 할 때 필요한 잣대를 하나, 하나 열거했다. 그리고 직접 적용해보라고 권고하고 있다.

이 시대에 적합한 역량을 개발하고자 고민하는 모든 분들에게 이 책을 권하고 싶다.

2016년 2월 20일

이 종 찬 (전)국가정보원장, 대통령직 인수위원장, 국회의원

"이 저서가 단순히 성공을 지향하는 매뉴얼 류 이상의 의미를 갖고 있다고 생각한다."

이 책은 비단 기업에 종사하는 사람들뿐만 아니라 사회생활을 하는 모든 사람 혹은 더 나아가서 공적인 영역뿐만 아니라 사적인 생활에서도 성공적으로 인생을 운영해 나갈 수 있는 "역량"을 갖출 수 있는 지침서이다. 저자는 우선 단선적이고 일차원적인 "능력"과 "역량"을 구분한다. 역량은 능력과는 달리 다차원적이고 전 인간적인 개념이 되는 것이다.

저자는 역량을 인지, 실행, 관계 3개 영역으로 구분하고 이를 다시 6개의 부분으로 분류하여 일반인이 쉽게 이해할 수 있도록 설명하고 있다. 이어서 이러한 역량을 어떻게 효과적으로 개발할 수 있는가 하는 것과 이를 평가하는 기법들을 설명하고 있다.

필자는 특히 이 저서가 단순히 성공을 지향하는 매뉴얼 류 이상의 의미를 갖고 있다고 생각한다. 그 이유는 이 책이 우리 사회의 큰 문제점의 하나인 학벌 위주의 평가를 넘어서서 각 개인의 "역량"을 함양과 평가를 통해서 새로운 인사 정책의 지평을 열어준다고 믿는다. 그런 의미에서 직업인으로서 새롭게 사회생활을 시작하는 사람들뿐만 아니라, 기업이나 정부부처 등의 간부들에게도 좋은 지침서가 되리라고 생각하며 일독을 권한다.

2016년 2월 20일

라 종 일 (현)한양대학교 석좌 교수
(전)우석대학교 총장, 청와대 안보보좌관

"역량계발에 관심이 있는 직장인 뿐 아니라, 취업을 준비하는 사람에게도 추천한다."

역량이라는 개념이 한국에 소개된 지 어언 40여년이 지났지만, 아직까지도 이를 정확하게 이해하여 적절히 활용되는 경우가 흔치 않다.

한 차원에서는 '역량 = 능력'이라고 생각하여, 능력이 있는 사람을 평가하는 도구라고 간주한다. 그래서 역량평가를 실시하면 그 역량에 대한 구체적인 내용과 행동지표를 보기 보다는 사람을 판단하려고 한다.

다른 차원에서는 지식 · 기술 · 태도(KSA : Knowledge, Skill, Attitude)의 연장선상에서 관련 과정을 이수하고 열심히 공부하면 계발되는 것으로 생각한다.

그래서 누구든지 열심히 노력하면 계발이 가능하고, 역량 상위단계로 진입이 가능하다고 생각한다

저자는 이러한 혼돈 속에서 단순하고 이해하기 쉬운 언어로 역량에 대한 내용과 계발방법을 제시하였다.

어떤 역량은 열심히 하면 계발이 가능하지만, 어떤 역량은 오랜 시간과 노력을 들여도 계발이 힘들다는 것을 우리에게 말해주고 있다.

결국 어떠한 부분에 초점을 맞추어야 하며, 어떠한 부분이 가장 투자 대비 효과가 높은 지를 제시하고 있다.

역량계발에 관심이 있는 직장인 뿐 아니라, 취업과 사회생활을 준비하는 모든 독자에게 일독을 추천한다.

2016년 2월 20일

김 기 령 (현) TS/Waston Consulting 대표
(전) Mercer Consulting, Hay Consulting 대표

"인사 담당자는 물론 조직에서 성장과 성공을 바라는 모든 직장인들에게도 좋은 길잡이가 될 것으로 믿습니다. "

오랜 경험을 쌓은 인사 담당자에게도 "역량"이나 "리더십"은 "판도라의 상자"와 같습니다. 인사 업무에서 가장 중요하고 자주 사용하는 단어이지만, 막상 조직 내에서 요구되는 역량이나 리더십에 대한 명확한 정의를 내리려 하면 구성원 사이에서 수 많은 해석과 요구가 난무하여 때로는 혼란스러워지는 경우를 목격하기도 합니다.

저자는 다년간 공공 기관 및 주요 대기업에서 직접 진행했던 역량 평가와 코칭 경험을 바탕으로 "역량"의 개념, 개발 및 평가에 이르기까지 방대한 내용을 체계적으로 정리하여 누구나 이해하기 쉽게 설명하고 있습니다.

또한 조직 내 리더에게 필요한 핵심 역량과 자가진단, 직급에 맞는 역량 항목과 개발 방법까지 친절하게 소개하고 있어서, 채용/선발/육성을 담당하는 인사 담당자는 물론 조직에서의 성장과 성공을 바라는 모든 직장인들에게도 좋은 길잡이가 될 것으로 믿습니다.

　　"지피지기(知彼知己)면 백전불태(百戰不殆)"라는 말 처럼, 지금 당장 자신이 속한 조직에서 높은 성과를 내는 직원들이 가진 공통적인 성공 요인을 찾고(知彼), 그에 비하여 자신이 가진 장점과 단점을 명확히 인식하여(知己) 성장을 위해 노력해 보면 어떨까요. 이 책의 도발적인 제목처럼, 꼴찌로 입사해도 일등으로 임원이 되는 꿈은 분명 현실이 될 수 있을 것입니다.

　　　　2016년 2월 20일

　　　　　　　　　　　　　　이 인 배 (현) GS칼텍스 인사부문장

Contents

Prologue _ 4
추천서 | 이종찬(前국가정보원장, 국회의원) _ 10
　　　　라종일(現한양대학교 석좌 교수 前 우석대학교 총장, 청와대 안보보좌관) _ 12
　　　　김기령(TS/Waston Consulting 대표) _ 14
　　　　이인배(GS칼텍스 인사부문장) _ 16

01장 : 일 잘하는 직원의 특징은 무엇인가? _ 23

임원, 그들의 공통된 특징은 무엇인가? _ 24
고성과를 내는 직원의 특징은 역량수준이 높다는 것이다 _ 26
직급이 올라갈수록 리더에게 요구되는 것은 무엇인가? _ 29
"역량기반 인적자원관리"(CBHRM)를 이해하자 _ 31

02장 : 성공에 결정적 영향을 미치는 요인은
　　　　역량Competency이다. _ 37

성공에 영향을 미치는 3요인과 환경 _ 38
역량은 어떻게 탄생했는가? _ 47
역량의 정의 : 역량과 능력은 다른 것이다 _ 50
역량의 특징 : 인성, 지식과 차이점 _ 53
기업에서 활용하는 역량모델링을 이해하자 _ 55

03장 역량Competency은 "3개 영역 6개 부분"으로
구분할 수 있다. _59

역량을 '3개 영역'으로 구분하면 효과적으로 활용할 수 있다 _60

역량의 '3개 영역'은 무엇인가? _63

역량의 '3개 영역'은 하위 '6개 부분'으로 구분할 수 있다 _72

역량의 '3개 영역' 내부의 상관관계 _82

역량의 '3개 영역' 특징과 상호연관성 _88

04장 임원급 리더에게 필요한 리더십역량은 무엇인가? _97

역량사전(Competency Dictionary)에 대하여 이해하자 _98

임원에게 필요한 '12개 핵심역량'을 이해하자 _111

'12개 핵심역량' 자가진단 _129

'12개 핵심역량' 외에 자주 활용하는 역량은 어떤 것인가? _136

05장 : **어떻게 역량을 효과적으로 개발할 수 있는가?** _ 139

자기인식(Self-Awareness)만 정확히 하면 절반은 성공한 것이다 _ 140

사람들이 자기인식을 정확히 하지 못하는 이유는 무엇일까? _ 153

'3개 영역과 6개 부분'의 개발 방법은 각각 다르다 _ 169

일반적인 개발방법에는 어떤 것들이 있는가? _ 174

자신에게 효과적인 개발 방법을 찾자 _ 178

'12개 핵심역량' 개발을 위한 실천행동 _ 185

06장 : **역량은 어떻게 평가하는가?** _ 195

Assessment Center _ 196

Development Center _ 204

Multi-source Evaluation _ 206

BEI 기법 _ 209

07장 : 나는 무엇을 먼저 개발해야 하는가? _ 217

각 직군에서 나타나는 임원의 역량 패턴은 다르다 _ 220

상반된 주장 : '강점을 강화하자' VS '약점을 보완하자' _ 224

열정을 갖고 노력하면 꿈은 이루어지는가? _ 230

자신의 '역량개발 계획표'를 만들자 _ 237

Epilogue _ 237

Chapter

01

일 잘하는
직원의 특징은
무엇인가?

일 잘하는 직원의 특징은 무엇인가?

임원, 그들의 공통된 특징은 무엇인가?

대기업에서 임원으로 승진한 사람들은 어떤 능력을 갖고 있어서 소위 '샐러리맨의 별'이라고 하는 임원으로 승진을 한 것일까?

흔히 우리나라 대기업의 임원들은 가정과 개인생활을 포기하고 주말에도 회사에 출근하여 온 몸을 바쳐서 일한다고 한다. 과연 모든 임원이 소위 '월화수목금금금'이라는 말대로 무식할 정도로 열심히 근무해서 승진한 것일까? 혹자는 소위 '운빨'이 좋거나 '윗분과 관계'를 잘해야 승진을 할 수 있다고 말하는 사람도 있다. 또한 혹자는 명문대를 졸업하고 학벌이 좋아야 임원으로 승진할 수 있다고 이야기 한다.

과연 이러한 표현들이 얼마나 사실일까? 우리의 주변 실상을 보면 가정생활을 포기하면서 주말에도 출근하여 열심히 근무하고도 부장 승진을 못하는 사람도 있고, 소위 '칼퇴근'을 하고 주말에 개인시간을 잘 보내면서 임원으로 승진하는 사람도 주변에서 볼 수 있다. 또한 명문대를 졸업하고도 부장승진을 못한 반면에 지방대나 고등학교를 졸업하고도 임원으로 승진한 사람을 자주 접할 수 있다.

물론 명문대를 졸업했거나, 상사와 친분관계가 있거나, 주말에도 출근하여 열심히 근무한 사람들이 부장이나 임원으로 승진하는 경우를 볼 수 있지만, 그들이 단순히 이러한 이유로 임원으로 승진하였다고 볼 수 있는 근거는 아무 것도 없다. 아마 승진한 임원들은 명문대를 졸업했을 뿐 아니라 해당 직무에서 요구하는 전문성과 전략적으로 사고하는 역량이 높았을 것이고, 상사와 친분관계가 좋은 것 보다는 업무수행에 도움이 되는 사람들과 인간관계를 잘 맺어서 업무에 활용하고 상사를 설득하는 역량이 높았을 것이다. 그리고 필요하면 주말에도 출근하여 어려운 과업에 도전하고 반드시 완수하는 실행력과 성취력이라는 역량이 높았을 것이다. 이러한 전문성, 전략적 사고, 인간관계 구축, 설득력, 도전성취력, 실행력이라는 역량이 우수하여 성과를 잘 냈기 때문에 임원으로 승진하였고, 또한 임원에게 요구되는 또 다른 역량을 발휘하여 주어진 과업을 잘 수행하고 있다고 보는 것이 타당할 것이다.

즉, 임원들에게 발견되는 공통된 특징은 임원급의 직무를 수행하는
데 필요한 역량들의 수준이 높을 뿐 아니라, 어떤 상황에서도 잘 발휘
하고 있다는 사실이다.

고성과를 내는 직원의 특징은
"역량 수준이 높다"는 것이다.

해당 직무에서 요구하는 역량을 잘 발휘하는 직원이다.

사례 ①

명문대를 나오고 똑똑한 A과장은 사원시절에 주어진 일은 혼자서 잘 완
수하는 직원이었으나, 과장으로 진급한 이후에 후배 사원들을 잘 관리하지
못하고 조직관리에 어려움을 겪으면서 조직에서 요구하는 성과를 제대로 내
지 못하여 어려움을 겪고 있다.

반대로 B과장은 사원시절에는 평범한 직원이었으나, 과장으로 승진한 이
후에 상사와 동료직원들과 원만한 관계를 잘 유지하고 후배사원 지도를 잘
하면서 개인의 성과도 잘 내고 있어서 주변의 평이 좋다.

C상무는 성실하고 열심히 일을 잘하여 입사 이후부터 과/부장 시절까지
성과를 잘 내고 항상 동기들에 비하여 선두로 승진하였으나, 임원으로 승진
한 이후에는 조직관리에 어려움을 겪으면서 계속 저조한 성과를 거두고 있
으며, 회사에서도 퇴직 압박을 받고 있는 실정이다.

위와 같은 경우를 직장생활을 하다보면 자주 접하게 된다. 똑같은

사람이 어떤 자리에서는 성과를 잘 냈지만, 부서를 이동하거나 승진한 이후에 새로운 자리에서는 기대에 못 미치는 성과를 내는 경우가 왜 발생하는 것일까?

위와 같은 현상을 역량이라는 관점에서 살펴보면, A과장은 '학습능력'과 '실행력'이 우수하고 어느 정도 전문성이 있어서, 새로운 것을 배우고 혼자서 일하는 것을 좋아하는 스타일이어서 사원이나 대리 시절에는 성과를 잘 냈을 것이다. 그러나, 과장이 된 이후에는 '협업능력'과 '부하육성능력' 및 '의사소통능력'이 상대적으로 부족하여 다른 부서와 협력이나 후배사원들 관리를 잘 못하여 조직관리에 어려움을 겪을 가능성이 높다.

B과장은 상대적으로 '전문성'과 '도전성취력'은 다소 부족하여 사원시절에 입사동기들 사이에서 별로 부각되지 않았으나, 인간관계를 잘하고 조직 충성도가 높아서 솔선수범하고 타부서와 협력을 잘하고 후배사원을 잘 관리하고 육성하여 과장승진 이후에는 조직의 성과를 잘 내고 있을 가능성이 있다.

C상무는 입사 이후 과·부장 시절까지는 어느 정도 '사고력'과 '의사소통능력'이 우수하여 조직관리도 잘하고 '실행력'과 '도전성취력'도 있어서 주어진 업무를 기대 이상으로 완수하였으나, 임원 승진 이후에는 '전략적 사고력'과 '혁신능력'이나 '비전제시능력'이 상대적

으로 미흡하여 조직의 '방향설정'을 주도적으로 잘 하지 못하고 부하 직원들에게 '동기부여'를 효과적으로 하지 못하여, 임원으로서 조직 관리와 성과창출에 실패했을 가능성이 있다.

어떤 사람이 주어진 자리에서 성과를 잘 내는지 잘못 내는지의 성공여부는 "해당 직무를 수행하는데 필요한 역량이 얼마나 있는가"와 "역량을 얼마나 잘 발휘하고 있는가" 에 달려있다고 할 수 있다. 따라서 사원 시절에 우수한 직원도 과장으로 승진한 이후 초급관리자인 과장에게 요구되는 리더십 역량과 직무역량을 잘 발휘하지 못하면 조직에서 요구하는 성과를 창출하기가 힘들고, 반대로 사원시절에 우수한 사원이 아니었더라도 과장승진 이후에 과장에게 요구되는 리더십 역량과 직무역량을 잘 발휘하였다면 고성과를 창출할 수 있다. 또한 중간관리자인 과부장의 역할을 잘 수행했다 하더라도 임원으로 승진하면 고급관리자인 임원급에서 요구되는 역량을 잘 발휘하여야 임원으로 원활한 직무수행을 할 수 있다.

직급이 올라갈수록 리더에게
요구되는 것은 무엇인가?

지식·기술과 같은 전문성 보다는 리더십 역량이 중요하다.

자신이 맡고 있는 직무에서 과업을 완수하려면 해당 직무수행에 필요한 수준의 지식과 기술이 필수조건이다. 필요한 수준이란 것은 회사의 특성과 직무의 성격에 따라서 변할 수 있다. 예를 들어, 기술직은 해당 전공에 대한 전문지식과 기술이나 자격증이 반드시 있어야 해당 직무를 기본적으로 수행할 수 있다. 회계업무는 일정 수준의 재무회계에 관한 지식 뿐 아니라 경우에 따라 회계사 자격증이 필요하기도 하다. 그러나 해당 업무의 관리자는 담당 업무의 전문성 뿐 아니라, 구성원들을 관리하고 다른 부서와 협력하여 성과를 창출할 수 있는 역량이 필요하다. 따라서 관리자는 해당 업무의 전문성 뿐 아니라 관리자로서의 역량이 있어야 해당 직무를 무난히 수행할 수 있고, 이러한 이유로 직급이 올라갈수록 전문성 보다 리더십 역량이 더 필요하다.

일반적으로 기업에서 진행하는 교육과정을 살펴보면, 사원과 대리급 교육과정은 전문성이나 직무내용과 관련된 다양한 교과목을 커리큘럼에 주로 반영하고 있으며, 과장급 이상의 교육과정은 리더십·조직관리 등과 관련된 교과목을 주로 운영하는 것을 알 수 있다. 즉, 부서장급 이상은 본인이 직접 과업을 수행하여 성과를 내는 것도 중요하지만, 부하직원들이 자신의 역할을 완수하여 부서 전체의 성과를 향상시키는 능력이 더 중요하다고 할 수 있다.

그러나 간혹 리더에게 전문성은 별로 중요하지 않고 리더십 역량이 중요하다고 강조하는 경우가 있는데, 이는 좀 과도한 표현이라고 볼 수 있다. 리더에게 전문성은 중요하지 않은 것이 아니라, 해당 직무를 수행하는데 필요한 기본적인 요소라고 생각하는 것이 더 타당한 표현일 것이다.

즉, "전문성이나 지식 · 기술이 우수하면 조직에서 리더로서 보통의 역할은 한다, 그러나 조직에서 우수한 리더가 되려면 리더십 역량을 보유하고 발휘하는 것이 절대적으로 필요하다." 그리고 "해당 직무에서 요구하는 지식 · 기술이 부족하면, 아예 리더의 대상이 되기가 어렵다." 또한 최근에는 사회와 조직구조가 복잡해지고 기술이 빠른 속도로 발전함에 따라 과거에 비하여 리더에게도 전문성과 실무능력을 리더십 역량과 더불어 요구하는 경향이 늘고 있다.

결국 조직 구성원으로, 특히 리더로 일을 잘하고 못하는 것은 해당 직급에서 요구하는 역량을 얼마나 잘 발휘하고 있는가의 차이라고 정리할 수 있고, 바로 이것이 기업과 사회에서 역량을 강조하는 이유이다.

"역량기반 인적자원관리"(CBHRM)를 이해하자

채용, 배치, 승진, 평가, 보상, 교육 등에 활용

최근 들어 상당수의 기업이 역량(Competency)에 기반한 인사체계를 구축해서 운영하고있다.

기업에서 역량모델링을 구축하고 이를 바탕으로 해당 직책에서 요구하는 수준의 역량을 보유한 사람을 채용하며, 내부적으로 역량평가 결과를 통하여 승진과 배치 자료로 사용하고, 역량평가결과를 참고하여 보상과 교육에 활용하고 있다

이와 같이 기업의 핵심역량을 바탕으로 인적자원관리의 여러 하위 체계를 전략적 관점에서 통합적으로 설계하고 운영하는 것을 "역량기반 인적자원관리"(Competency Based Human Resource Management)라고 한다.

'채용'의 경우를 보면, 면접과정에서 심층인터뷰 · 프리젠테이션 · 그룹토론 등 다양한 역량평가방법을 활용하여 지원자가 기업이 해당 직급에서 요구하는 역량을 얼마나 보유하고 있는가를 확인한다. 예를 들면, 신입사원은 주로 적극성, 열정, 도전정신, 협동능력, 의사소통, 학습능력 등의 역량을 면접과정에서 확인하고 있다.

'배치'의 경우에는 개인의 강점인 역량을 고려하여 전략기획부서,

생산부서, 영업부서, 지원부서 등에 맞게 배치하고 장기적으로 교육과 육성방법에 활용할 수 있다.

'평가'의 경우에는 일반적으로 기업에서 모든 직원을 대상으로 업적평가와 능력평가를 일 년에 1~2회 실행하고 있는데, 많은 기업에서 능력평가를 할 때 다면평가방식을 주로 활용하고 있다. 다면평가에서는 해당 직급에 필요한 역량을 상사·동료·부하 등이 평가에 참여하는 '360도 다면평가방식'을 주로 활용하고 있다. 또한 임원급의 경우에는 외부 평가전문가에게 역량평가를 의뢰하여 역량평가결과에 대한 타당성과 신뢰도를 높이고 있다.

'승진'의 경우에는 해당 직책에서 필수적으로 요구되는 역량의 종류와 수준을 정리하고, 승진대상 후보자 중에서 해당 직책에서 요구하는 수준의 적합한 역량을 갖춘 후보를 평가한 후에 승진에 반영하고 있다.

'육성'의 경우에는 해당 직급에서 필요로 하는 리더십 역량과 직무역량을 교육과정편성에 기본적으로 반영할 뿐만 아니라, 평상시 상사가 진행하는 코칭에서도 다면평가결과를 바탕으로 부하육성의 기본자료로 활용하고 있다.

이렇게 역량이 여러 분야에서 활용되고 있는데, 이 중에서 최근 가장 활발하게 활용되고 있는 부분은 승진할 때 '역량평가'와 채용과정에서 '면접강화' 일 것이다.

역량평가와 관련하여 사회와 기업에서 활용하는 현황을 보면, 10여 년 전부터 간부급 공무원과 대기업 임원급의 평가를 중심으로 시행되면서, 최근에는 점차 그 대상자들의 범위가 확대되고 있으며, 평가방법도 다양화 되고 있다. 정부측면에서는 '고위공무원단¹⁽1~3급 보직⁾' 에 들어가기 위해서는 부이사관⁽3급⁾이 되면 인사혁신처에서 주관하는 역량평가를 반드시 통과해야 하고 통과하지 못하면 고위공무원단에 진입을 못하며 국장 이상의 보직을 받을 수가 없다. 또한 점차 확대되고 있는 '개방직 고위공무원' 직위도 서류심사와 심층면접 이후에 인사혁신처가 주관하는 역량평가를 통과해야 최종후보에 선발될 수 있다.

2~3년 전부터 행정부의 전 부처가 서기관과 사무관 승진에도 역량평가제도를 도입하여 시행하고 있으며, 일부 부처는 7급 승진에도 도입을 추진하고 있다. 또한 서울시와 경기도, 부산시, 대구시 등 지방자치단체들도 이미 4 · 5급 승진에 역량평가제도를 시행하고 있거나 도입을 추진하고 있다.

기업측면을 보면, 일부 공기업의 임원승진 대상자들은 주무부처에서 주관하는 역량평가를 통과하여야 임원승진의 자격을 주고 있으며, 많은 공기업이 자체적으로 역량평가를 도입하여 간부승진에 평가 자료로 활용하고 있다.

주요 대기업도 임원이나 팀장급의 평가와 승진에 역량평가제도를 도입하여 활용하는 기업이 점차 늘어나고 있으며, 특히 단순히 승진과 관련된 AC(Assessment Center) 뿐 아니라 대상자들의 역량개발을 위한 DC(Development Center)를 도입하는 기업이 점차 늘어나고 있다.

과거에 채용면접은 다소 형식적인 절차였다. 면접 대상자들은 특별한 하자가 없는 한 대부분 면접은 통과 의례절차로 인식하고 있었다. 그러나 최근에는 신입사원 선발 시에 최종선발인원의 2~3배수를 면접하여 적정선의 신입사원을 선발하고 있다. 내용면에서도 과거에는 단순히 인터뷰 위주로 면접을 1차와 2차로 보았으나, 지금은 상당수의 대기업이 심층인터뷰와 프리젠테이션, 그룹토론 등을 면접에서 기본적으로 활용하고 있다.

또한 면접과정에서 지원자들을 정확하게 평가하고 선발하기 위하여 면접을 담당하는 간부들에게 역량에 대한 교육과 인터뷰 기술 등 면접관교육을 별도로 진행하고 있다.

이처럼 면접을 강화하는 이유는 '일 잘하는 직원'을 선발하기 위한 것이고, 일 잘할 수 있는 직원을 선발하기 위하여 지원자들이 회사에서 요구하는 인재상에 부합하는 역량을 얼마나 갖고 있는가를 정확하게 확인하기 위한 방법이다.

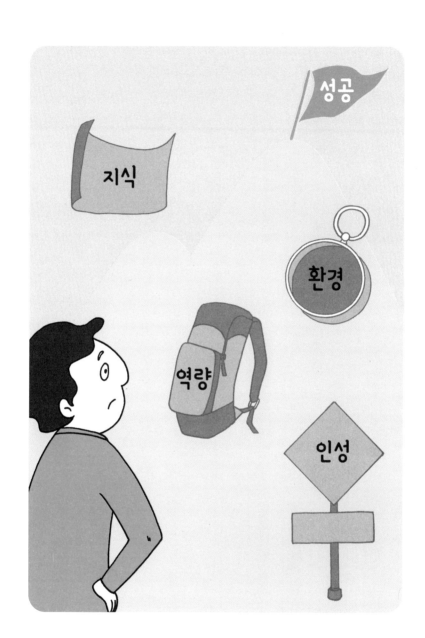

Chapter

02

Top Executives Bottom

성공에
결정적 영향을
미치는 요인은
역량이다.

역량은 고성과자와 저성과자를
구분하는 핵심 요인

성공에 결정적 영향을 미치는 요인은 역량(Competency)이다.

역량은 고성과자와 저성과자를 구분하는 핵심 요인

· ·

성공에 영향을 미치는 3요인과 환경

인성, 역량, 지식과 환경의 관계

사례 ①

"이부장님은 성품이 참 훌륭하신 분입니다. 부하직원들이 직장생활을 잘할 수 있도록 자상하게 업무를 가르쳐 줄 뿐 아니라, 개인적인 어려움도 같이 고민하고 걱정해 주시는 분입니다. 다른 부서의 일도 잘 도와주시고 항상 솔선수범하고 궂은 일은 부하에게 시키지 않고 직접 처리하시는 분입니다. 다른 상사들처럼 부하직원들을 몰아붙이지 않아서 성과는 다른 부장님들에 비하여 다소 미흡하지만, 이부장님을 좋아하는 부하직원들이 많고 이부장님이 임원으로 승진하지 못한 것을 안타깝게 생각합니다. 이부장님 같은 분이 임원이 되어야 회사에도 눈에 보이지 않는 큰 도움이 될 것입니다."

"반면에 이번에 임원으로 승진한 최상무님은 정반대의 스타일입니다. 윗

분들과 관계를 잘하고 남을 도와주기 보다는 항상 자기 몫부터 먼저 챙기는 스타일이지요. 물론 최상무님 업무능력이 우수한 것은 인정합니다. 개인적으로 전문성도 있고 성과를 항상 잘 내는 것은 사실입니다. 하지만, 성과를 잘 내는 이면에는 부하직원들을 과도하게 몰아붙이며 일을 시키고 타부서와 공동 작업에서 성과가 나오면 자기가 혼자 한 것처럼 포장해서 보고를 잘해요. 실력이 있고 성과를 잘 내는 것은 인정하지만 성품과 인간성은 별로입니다."

이와 같은 내용은 필자가 다면인터뷰를 하는 과정에서 부하직원에게 자주 듣는 이야기이다.

직장생활을 하다보면 인간성이 좋고 성실하고 후배들과 주변사람의 어려움도 잘 챙겨주는 상사가 승진하기를 바라지만, 조직이 원하는 성과를 잘 내지 못하여 승진하지 못하는 경우를 자주 본다. 반대로 성품과 인간성은 별로이지만 일에 대한 성과를 잘 내서 승진을 잘하는 상사도 자주 볼 수 있다. 형님처럼 따뜻하고 부하직원을 챙겨주면서 업무능력도 탁월하여 배울 점이 많은 상사를 만나서 일을 하고 싶지만, 그런 상사가 조직 내에서 흔하지 않은 것이 현실이다.

사람의 성품이 좋고 나쁜 것과 일을 잘하고 못하는 것은 어떤 관계일까?
사람은 누구나 자신의 능력에 대하여 주위 사람들로부터 인정을 받고 성공하고 싶은 욕구가 있다. 이러한 욕구를 달성하려면 성공에 영향을 미치는 개인에게 내재된 '3가지 요인'과 '주변 환경'의 개념을 이해하고, 각각의 특성에 맞게 구분하여 개발을 해야 한다. 사람들은 흔히 3가지 요인을 혼동하여 이해하고 사용하는 경우가 많으며, 그렇다 보니 개발과 활용방법이 서로 다름에도 불구하고 혼란을 겪고 있으며, 과업을 수행하는데 필요한 리더십 역량을 개발하고 조직을 관리하는데 있어서 본인이 투자한 노력에 비하여 기대하는 효과를 얻지 못하는 경우가 자주 발생한다.

[그림1] 개인의 내재된 '3가지 요인'과 '주변 환경'의 관계

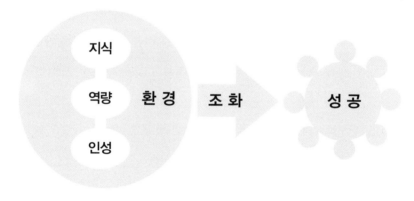

*개인에게 내재된 '3가지 요인'과 외부의 '주변 환경'이 조화를 이루어야 원하는 성공이 가능하다.

성공에 영향을 미치는 3가지 요인은 '인성'과 '역량' 그리고 '지식'으로 구분할 수 있다.

첫째, 인성(Personality)의 사전적인 의미는 "자신만의 생활 스타일로 다른 사람들과 구분되는 지속적이고 일관된 독특한 심리 및 행동양식"이라고 정의할 수 있다. 다르게 표현하면, 어떤 환경 아래 개인의 내적 동기나 욕구가 자연스럽게 나타나는 특색이며, 개인의 특성이 나타나는 일련의 습관이라고 할 수 있다. 학자들에 따라서 그 범위와 특징에 대하여 약간 다르게 정의할 수 있으나, 본 도서는 성향 · 성격 · 특질 · 기질을 포함한 포괄적 개념으로 정의하고자 한다. 인성은 선천적인 영향이 크며 나이가 들더라도 쉽게 변하지 않는 것으로 개발의 대상이 아니라, 특징을 이해하고 대응해야 하는 속성이 있다. 예를 들면, '내향적 · 외향적이다', '이성적 · 감성적이다', '인간관계 중심적 · 과업 중심적이다', '조용하다 · 활동적이다' 등과 같이 사람의 성향이나 성격, 특징을 나타내는 개념으로 이해할 수 있다. 이러한 인성의 특징을 파악하기 위해서 MBTI, DISC, MMPI, Enneagram, BIG5 등 다양한 성향검사 · 행동특성검사가 활용되고 있다.

둘째, 역량(Competency)은 선천적인 인성에 영향을 받으면서, 어린 시절의 환경과 경험 및 학습을 통하여 형성되는 것으로 "어떤 특정 업무를

얼마나 잘 할 수 있는지에 영향을 미치는 부분"이라고 할 수 있다. 역량
은 선천적인 영향도 있지만 교육과 훈련 등을 통하여 개발이 가능하며,
특히 관리자로서 조직을 이끌며 성과를 창출하는데 핵심적인 요인으로
작용한다. 예를 들어 개인적으로 상당히 전문성과 도전정신이나 열정
이 있다고 하더라도 대인관계와 조직관리에 대한 역량이 부족하면, 혼
자서는 일을 잘하고 성과를 창출할 수 있겠지만 리더로서 조직을 이끌
면서 성과를 창출하는데 미흡한 면이 나타난다. 또한 조직관리를 잘하
는 관리자라도 '대인감성력'과 '의사소통능력', '고객지향성', '성취도
전력'이 우수한 사람은 영업본부장으로 성공가능성이 높다고 볼 수 있
고, 상대적으로 '성취도전력'과 '추진력', '문제해결능력'이 우수하면
생산본부장으로 성공가능성이 더 높다고 볼 수 있다.

셋째, 지식(Knowledge)은 지식과 기술 즉 직무에 해당하는 개념으로서
교육과 훈련을 통하여 습득하는 능력이다. 이는 상대적으로 개발이 가
장 빨리 될 수 있으며, 해당 분야에서 성공을 이루는데 기본적인 요인
이라 할 수 있다. 예를 들면, 법이나 회계 등 해당 분야에서 성공을 하
기 위해서는 해당영역의 전문지식 뿐 아니라 경우에 따라서는 일정한
자격증과 경험이 필요하기도 하며, 기업에서는 이를 직무분석을 통하
여 규정하고 있다. 이 영역의 특징은 성공을 이루는데 기본적인 요인
이고, 리더로서 상위직급으로 성장할수록 이 부분의 영향력은 상대적

으로 감소한다. 예를 들면, 회계·재무를 전공한 사원이 과장시절 까지는 해당 분야의 지식이 직무수행에 절대적으로 중요하지만, 부장이나 임원으로 승진한 이후에 성과를 내기 위해서는 전공 지식 뿐 아니라 관련 분야의 지식과 조직을 관리하고 움직이는데 필요한 리더십역량이 더 중요한 것이다.

위의 3가지 요인은 사람에게 내재된 '개인적 요인'이라고 정리할 수 있고, 외부적으로 개인을 둘러싼 '환경(Environment)' 또한 목표달성과 성공에 큰 영향을 미치는 요인으로 정리할 수 있다.

어린 시절 환경과 관련된 중요한 요소는 주로 부모님의 직업, 경제력 등 가정환경과 가정문화 등이 해당될 수 있으며, 성인이 된 이후에는 가정환경 뿐 아니라 소속된 조직의 문화와 구성원 사이 관계 등이 해당될 수 있다.

예를 들면, 어린 시절에 예술을 전공하여 외국대학으로 유학을 가거나, 공부를 잘해서 의대나 로스쿨로 진학하려면 어느 정도 부모의 경제능력이 뒷받침 되어야 하며, 상당수의 전문직은 어린 시절에 부모의 모습을 보고 자라면서 성인이 된 후에 부모와 같은 직업을 선택하는 경우를 자주 볼 수 있다.

성인이 되어서 회사생활을 시작하면 조직의 구성원으로 조직문화에 적응하고 생활하게 된다. 조직이 요구하는 행동을 하게 되고 상황에 따라서는 자신의 성향이나 가치관과 어울리지 않는 활동을 하는 경우도 발생한다.

또한 우리는 흔히 "큰 일을 하려면 때가 맞아야 한다"는 말을 한다. 상당히 일리 있는 이야기라고 할 수 있는데, 아무리 개인이 노력하고 준비가 되었다고 하더라도 회사의 정책방향이 바뀌거나, 해당 법률·규정이 바뀌는 등 외부환경이 절대적인 영향을 미치는 경우가 발생하기도 한다. 이러한 환경은 조직 내에서 직급이 올라갈수록 상대적으로 더 큰 영향력을 발휘한다.

개인의 3가지 요인과 환경을 명확히 구분하고 강조하는 이유는 사람은 개인의 내적 요인과 환경을 정확히 구분하여 대응하고 개발해서, 서로 조화를 이루어야 노력한 만큼의 보상을 얻을 수 있기 때문이다.

영역별로 효과적인 개발방법과 활용방법을 살펴보면 다음과 같다.

인성(Personality)은 개발하거나 변화시키는 영역이 아니다. 그냥 개인의 내적인 성향 특징을 이해하고 효과적인 활용방법을 찾아야 한다.

예를 들면, 분석적이고 내향적 성향이 강한 사람에게 영업에서 성공하기 위해서, 생각하고 분석하기 보다는 먼저 행동하고 많은 사람들을 만나서 교류를 해야 한다고 아무리 강조해도, 내향적 성향이 강한 사람은 이러한 조언을 받아들이고 행동하기 힘들 뿐 아니라, 그렇게 행동을 아무리 하더라도 활동적이고 사교적인 사람으로 성향이 바뀔 수 없다. 간혹 어린 시절에는 내향적이었는데 직장생활을 하면서 외향적으로 바뀌었다고 생각할 수 있으나, 이는 인성이 바뀐 것이 아니라 환경에 적응하기 위하여 약한 성향이 어느 정도 개발된 것으로 봐야 한다. 따라서 인성을 바꾸는 것이 아니라 자신에게 맞는 영업방식을 고민하고 이에 맞게 개발하는 것이 효과적인 결과를 가져 온다.

역량(Competency)은 개념과 개발방법을 정확히 이해하고 코칭이나 훈련 등을 통하여 지속적으로 개발할 수 있다.

예를 들어, 의사소통능력을 살펴보면 의사소통을 잘하는 방법에 대한 이론이 어렵지는 않다. 상대의견을 경청하고 질문을 통해서 이해하고 자신의 의견을 요약하여 핵심을 전달하면 된다. 이론은 어렵지 않지만 이러한 행동을 지속적으로 실행하여 습관적으로 행동하기가 어렵다.

많은 사람이 자신이 부족한 역량을 개발하기 위하여 평소 하지 않던 행동을 몇 번 해보았지만 잘 안된다는 이야기를 자주한다. 혹은 자신의 행동이 어색하고 부하직원들이 더 불편해 한다는 등의 이야기를 한다. 앞에서도 언급한 것처럼 역량개발은 단기간에 이루어지는 것이 아니다. 전문가들에 따르면 사람의 행동이 자연스럽게 바뀌려면 적어도 6개월 이상을 열심히 노력해야 조금 변화된 모습이 나타난다고 한다. 특정 역량을 개발하여 자연스럽게 해당 역량을 발휘하기 위하여 적어도 수년의 노력이 필요하다고 볼 수 있다

지식(Knowledge)은 교육과 훈련을 통하여 비교적 단기간에 개발할 수 있다.

물론 영어점수를 대폭 올리거나, 변호사·회계사 자격증을 획득하는 것이 단기간에 이루어지는 것은 아니지만, 역량에 비하여 상대적으로 개발이 쉽다는 것이다. 또한 자신의 전공과 관련하여 직무를 수행하는데 필요한 새로운 지식과 기술을 습득하는 것은 비교적 단기간에 가능한 것이 많다. 지식과 관련된 영역은 교육과 독서 등을 통하여 학습하고 새로 습득한 기술을 자꾸 사용해서 효과적으로 개발할 수 있다.

환경(Environment)은 자신의 주변상황을 이해하고 이에 맞게 적응하는 것이 우선이며, 어느 수준 이상의 지위에 있고 권력이 있는 경우에는 일정 수준의 변화를 주도할 수 있다.

흔히 "절이 싫으면 중이 떠나야 한다"는 말을 자주한다. 자신의 성향이나 가치관이 자신이 소속한 조직의 문화와 다소 차이가 있더라도 조직을 떠날 것이 아니면 일단은 조직의 문화를 더 이해하고 적응하는

것이 우선이다. "로마에 가면 로마법을 따르라"는 격언처럼 조직의 구성원으로서 그 문화에 적응하는 것이 우선이다. 진인사대천명(盡人事 待天命)이라는 고사성어처럼 자신이 할 수 있는 최선의 노력을 다하였으면, 결과를 하늘의 뜻에 맡긴다는 말과도 일맥상통한다고 할 수 있다.

그러나, 자신이 조직 내에서 어느 직급 이상의 리더로서 조직의 문제점을 개선하고 변화를 주도할 수 있는 권력이 있다면, 일정 수준에서 조직문화를 혁신하고 변화를 주도할 수 있다.

역량(Competency)은 어떻게 탄생했는가?
학력과 지능의 한계를 발견하고 이를 극복하다.

역량(Competency)이라는 개념은 1973년 하버드(Harvard)대학 심리학과 교수인 데이빗 맥클러랜드(David McClelland)가 그의 논문 "Testing for Competence Rather Than Intelligence"에서 처음 제시하였다.

당시의 상황을 살펴보면 역량을 정확히 이해하는데 도움이 될 것이다.

70년대 이전 미국 국무성은 인재를 채용하고 관리하는데 있어서 심각하게 고민하는 중요한 문제가 있었다.

학력과 지능이 좋은 명문대 출신들을 적성검사 등을 통하여 선발하여 훈련시킨 후에 개발도상국에 공보관으로 배치를 하였는데, 귀국 시에 평가를 해보면 사람에 따라서 실적에 차이가 많이 발생하였다. 수재들을 선발해서 똑같이 교육훈련을 실시하고 근무를 시켰는데, 누구는 기대이상으로 성과를 내고 누구는 기대이하의 성과를 내는 이유를 알 수가 없었다. 바로 이러한 차이가 왜 나오는지를 확인해 달라고 국무성은 맥클러랜드(David McClelland)교수에게 분석을 의뢰하였다. 그는 귀국한 해외공보관들을 고성과자 그룹과 저성과자 그룹으로 구분하여 두 그룹 간에 어떤 차이점이 있는가를 집중적으로 분석하였다. 그 결과 두 그룹 간에 일반적으로 생각하는 학력, 지능, 인종, 가정환경 등에서는 유의미한 차이점이 발견되지 않았으나, 다음의 3가지 사항이 고성과자 그룹에서 공통으로 발견되었고, 저성과자 그룹에서 나타나지 않았다는 사실을 확인하였다.

즉, 고성과자들에게만 나타난 특징을 살펴보면,

①이문화(異文化)간 대인 감수성(Cross-Cultural interpersonal sensitivity) : 이문화권 사람들의 속마음을 이해하고, 그들 반응을 예측할 수 있는 능력.

②타인에 대한 긍정적 기대(Positive expectation of others) : 타인의 존엄성과 가치에 대한 강한 신념으로 심한 스트레스 속에서도 이러한 긍정적 태도를 견지할 수 있는 능력.

③정치적 네트워크 파악(Speed in learning political network) : 사람들 간의 영향력 관계와 이해관계를 재빨리 파악하는 능력.

결국 그는 고성과를 내는 원인으로 학력이나 지능은 큰 영향을 미치지 못한다는 사실을 확인하고, 인력선발의 기준을 학력이나 지능이 아니라 역량으로 선발할 것을 주장하고 적용하였다.

이 결과를 바탕으로 빙산모델(Iceberg Model)을 만들었는데,

①사람은 자연스럽게 하지 않으면 안 되는 동기가 있고,

②타인과 구분되는 적절한 특성, 성격이 있으며,

③무엇인가를 하고자 하는 신념, 가치관이 있고 이것은 태도로 나타나며,

④지식을 동원하고 행동으로 구체화하여 성과달성에 이른다는 개념을 명확하게 정리하였다.

지금은 우리가 쉽게 이해할 수 있는 개념이지만, 지능(IQ)이 좋으면 학력이 좋고 학력이 좋으면 당연히 일을 잘한다고 생각했던 당시로서는 획기적인 발견이었고, 그의 이러한 연구결과는 그 이후에 수많은 학자들에게 영향을 미쳐서 역량과 관련된 논문과 연구가 발전하는데 중요한 공헌을 하였다. 또한 이후에 역량과 관련된 다양한 실험과 연구들은 기업과 사회에서 리더들의 특징을 파악하고 리더십을 개발하는 유용한 방법으로 널리 활용하는데 큰 기여를 하였다.

역량의 정의 : 역량과 능력은 다른 것이다.

맥클러랜드(McClelland)교수 이후 많은 학자들이 역량에 관한 많은 연구를 했고 이에 대한 정의도 다양하게 이루어졌다. 역량의 범위와 특징을 어떻게 구분하는가에 따라 그 내용은 약간씩 달라질 수 있다. 역량에 대한 정의를 하나로 통일하는 것은 무리이며, 중요한 것은 역량에 대한 개별 명칭이 아니라, 개별 역량의 개념을 어떻게 정의하고 이에 맞는 하위요소나 행동지표를 명확하게 정리하여 활용하는 것이 핵심이라 할 수 있다.

그 동안 수많은 학자들이 역량에 관하여 정의하고 정리를 하였는데, 그 중에서 중요하고 영향력이 있는 몇 가지를 살펴보면 다음과 같다.

1982년 보야치스(Boyatzis)가 "역량은 개인이 어떤 역할을 수행함에 있어 성공적인 결과를 가져오는 그 개인이 가지고 있는 내재적 특성이다"라고 정의하면서, 맥클러랜드(McClelland)교수의 역량 연구를 관리자 영역으로 확대하여 '21개의 우수한 관리자 역량모델'을 제안하였다.

1993년 스펜서&스펜서(Spenser&Spenser)는 맥클러랜드 교수가 제시한 빙산모델과 역량의 개념을 체계적으로 정리하였는데, "역량은 특정한 상황이나 직무에서 기대 수준을 넘는 탁월한 성과를 나타내는 원인이 되는 개인의 내적 특성이다"라고 정의하였다. 또한 그 전제조건으로 ①기대수준이 넘는 결과(Criterion Reference) ②원인이 되는(Causal Relationship) ③내적 특성(Underlying Characteristics)을 들고 있다.

1995년 열린 국제HR회의는 "역량은 개인이 수행하는 업무의 주요한 부분에 영향을 주고 업무성과와 관련성이 높고, 조직에서 널리 받아들여지는 성과기준에 대비하여 측정될 수 있으며, 교육훈련과 개발을 통하여 개선될 수 있는 지식·기술·태도의 집합체"라고 정의하였다.

또한 우리나라 행정안전부에서 정리한 〈고위공무원 역량평가자료〉는 "역량은 조직의 목표달성과 연계하여 조직 및 직무의 높은 성과와 관련된 직무 담당자의 행동 특성과 태도"라고 정의하고 있다.

이상과 같이 역량과 관련하여 다양한 정의가 있고, 범위에 대한 이견이 있지만 핵심적이고 공통적인 특징은 "고성과자에게 일관되게 나타나는 내적 특성"이라는 것이다. 여기서 내적 특성을 어떻게 해석하는가에 따라서 역량을 정의하는 범위는 달라질 수가 있다.

예를 들어 맥클러랜드와 스펜서&스펜서는 지식과 기술을 역량의 범위로 보지 않았으나, 이후 일부 학자들은 이를 역량에 포함시키는 경향도 있다. 또한 인성과 역량을 어떻게 구분하는가에 대해서도 전문가들 사이에 이견이 있다.

*빙산모델은 사람의 능력을 설명할 때 많은 학자들이 인용하고 있는 대표적인 모델이다. 역량을 설명하기 위하여 맥클러랜드에 의해 제시되고 스펜서&스펜서가 정리한 모델은 다음과 같다.

[그림2] 빙산모델

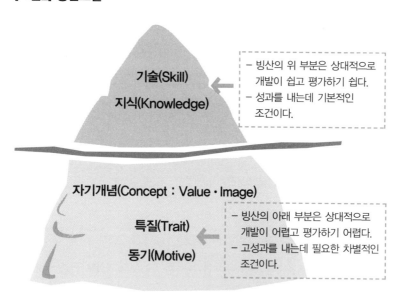

기술(Skill)
지식(Knowledge)
- 빙산의 위 부분은 상대적으로 개발이 쉽고 평가하기 쉽다.
- 성과를 내는데 기본적인 조건이다.

자기개념(Concept : Value · Image)
특질(Trait)
동기(Motive)
- 빙산의 아래 부분은 상대적으로 개발이 어렵고 평가하기 어렵다.
- 고성과를 내는데 필요한 차별적인 조건이다.

*빙산의 수면 아래 부분으로 깊이 갈수록 선천적인 영향이 강하고 어린 시절에 형성이 이루어지기 때문에 변화 가능성이 적다. 따라서 개발하는데 시간이 많이 걸리고 나이가 어릴수록 개발 가능성이 높다.

*맥클러랜드 교수는 학력이나 지능 등을 빙산의 수면 위 부분으로 규정하면서, 이 영역은 성과를 내는 기본조건으로 보았고, 고성과를 내는 차별적인 부분은 빙산의 수면 아래 부분으로 보았다. 그는 빙산의 수면 아래 부분을 역량(Competency)이라 부르자고 정리하였다.

역량의 특징 : 인성, 지식과 차이점

역량은 사람의 특성을 나타내는 다른 개념들과 비교할 때, 다음과 같은 특징을 갖는다고 할 수 있으며, 이러한 특징을 구분할 수 있을 때 비로소 역량이라고 규정할 수 있다.

첫째, 보유능력이 아니라 업무수행과정에서 행동으로 나타나는 실천능력이다(Behavior).

즉, 특정 성향이나 의도가 있다고 하더라도 행동으로 나타나야 역량이라 할 수 있다. 예를 들어, A부장은 부하육성이 중요하다고 생각하고 멘토링이나 코칭스킬을 배워서 이론과 방법을 잘 알고 있다고 하더라도, 평상시에 업적달성에만 집중하고 부하육성을 위한 구체적인 행동이 없다면 부하육성 역량은 낮다고 할 수 있다.

둘째, 일반적인 성과가 아닌 고성과와 연계된 행동이다(High Performance).

보통 사람들에게도 나타나는 일반적인 수준의 능력이라면 이것은 역량이라고 할 수 없고 그냥 능력이라고 하는 것이 타당할 것이다. 역량은 저성과자에게 잘 나타나지 않고 고성과자에게 공통적이고 지속적으로 나타나는 행동특성이라고 정의할 수 있다.

셋째, 상황과 직무에 따라서 요구되는 역량은 다를 수 있다(Situation). 역량의 개념은 모든 조직에서 천편일률적으로 똑같이 적용하는 것이 아니고, 업의 특성이나 조직문화 그리고 변화하는 주변 상황 등에 따라서 역량의 개념과 필요 역량이 바뀔 수 있다. 임원급에게도 기업의 특성에 따라서 요구되는 역량이 다르며, 기업의 상황에 따라서 요구되는 역량이 변하기도 한다. 또한 똑같은 용어의 역량도 기업 특성에 따라서 다르게 정의하고 행동지표가 다르게 나타날 수 있다.

넷째, 역량수준에 대한 관찰과 측정이 가능하다(Measurement).

역량은 행동에 기반한 것이기 때문에 관찰을 통하여 판단할 수 있고 역량수준을 수치화 하여 평가할 수 있다. 역량평가와 면접 등에서 평가대상자에 대하여 단순히 "해당 역량이 있다 · 없다"가 아니라, "해당 역량이 5점 만점에 몇 점이다"로 평가하고 있는 것이다.

다섯째, 개발이 가능하다 (Development).

성격이나 지능은 변할 수 없다고 알려져 있으나, 역량은 선천적인 인성이 큰 영향을 미치지만 지속적인 노력으로 개발이 가능하다. 물론 단기간에 쉽게 개발이 되지는 않는다. 역량은 가급적 나이가 어릴 때부터 노력할수록 개발 가능성이 높고, 교육을 통하여 해당 역량을 머리로 이해하는 것뿐 아니라, 자신의 역량수준을 파악한 후에 훈련, 코칭과 피드백, 도전적인 직무수행 등을 통하여 오랜 시간 지속적으로 개발해야 한다.

기업에서 활용하는 역량모델링을 이해하자

공통역량, 리더십역량, 직무역량

1996년 스패로우(Sparrow)는 역량의 개념을 조직역량·관리역량·직무역량 3가지 영역으로 구분하였으며, 3개의 개념은 서로 관련이 있으면서 일부 중복이 된다고 제시하였다.

이러한 조직역량에 관한 내용은 더욱 발전하여 현재 국내외 많은 기업에서 기업의 핵심역량과 역량모델링을 만들 경우에 공통역량·리더십역량·직무역량으로 구분하여 적용하고 있다.

공통역량은 기업의 전 임직원이 공통적으로 보유해야 할 역량으로 '업의 특성' 과 '조직문화' 의 근간을 이룬다고 볼 수 있다. 일반적으로 기업의 미션이나 비전 혹은 기업 가치와 연계되어 있다. 공통역량은 보통 3~5개를 설정하며, 기업의 전 임직원에게 필요한 역량으로 규정한다.

리더십역량은 기업의 전략목표달성을 위해 각 계층 및 역할에 따라 요구되는 역량이다. 일반적으로 초급관리자, 중간급관리자, 고급관리자, 경영자급 관리자의 리더십 역량으로 구분하여 만든다. 이 역량이 바로 역량평가의 대상이 되는 영역이며, 기업에서 관리자를 대상으로 계층별 리더십 교육을 할 때 강조하는 역량이다. 리더십역량은 각 계층별로 보통 5~8개의 역량을 규정하며, 개인에게 초점을 맞춘 협의개념의 역량이라고 볼 수 있다.

직무역량은 직원이 해당 직무를 수행하기 위하여 요구되는 역량이며, 일반적으로 해당 직무를 수행하기 위한 지식과 기술로 구성된다. 이 역량은 주로 채용과 배치 및 평가와 전문가 육성 등에서 인사관리의 기준이 된다. 직무역량은 해당 기업의 직무 수에 따라서 약 30~50개로 구분하며, 이는 리더십 보다는 직무분석의 대상이며 직무평가의 지침으로 볼 수 있다.

역량평가를 할 때 평가의 대상이 되는 역량은 리더십 역량만이 해당된다. 공통역량은 모든 조직 구성원에게 공통으로 강조되는 역량으로 주로 기업의 가치나 인재상과 연관이 있는 다소 추상적 개념이 많고, 직무역량은 직무분석의 대상이 되는 역량으로 이해하면 된다.

역량(Competency)과 핵심역량(Core Competence)은 다른 개념인가?

70년대 이후 주로 개인에 포커스를 맞춘 역량(Competency)에 대한 정의가 있었다면, 90년대 이후 조직에 관련된 역량에 대한 연구가 활발하였다.

90년 하멜(Hamel)교수와 프라할라드(Prahalad)교수는 조직의 핵심역량(Core Competence) 개념을 제안하여 역량의 개념을 개인에서 조직의 경쟁전략 구성요소로 제시하였다.

따라서 핵심역량이라고 할 때는 주로 조직에 해당하는 개념으로 이해하는 것이 타당할 것이다.

그러나 우리말로 사용할 때 일반인들이 쉽게 이해하기 위하여 상황에 따라서 개인에게 핵심역량이라는 단어를 사용해도 무난할 듯하다.

우리는 주변에서 역량을 영어로 표시할 때, 어떤 사람은 Competency를 사용하고 또 어떤 사람은 Competence를 사용하는 경우를 볼 수 있다. 두 단어 사이에 어떤 차이가 있는 것일까?

맥클러랜드 와 스펜서&스펜서가 제시한 단어는 Competency로서 이는 개인의 리더십 부분에 초점을 맞춘 것으로 보는 것이 타당할 것이다. 기업의 핵심역량이라고 할 때는 Competence를 사용한다. 따라서 개인에게 초점을 맞추어 협의개념으로 규정할 때는 Competency이고 광의개념으로 사용할 때는 Competence로 사용하는 것이 타당할 것이다.

또 다른 주장에 따르면 Competency는 미국에서 탄생하고 미주 지역을 중심으로 주로 사용하고 있으며, Competence는 유럽에서 주로 사용하고 있다고 한다.

Chapter

03

역량은 "3개 영역
6개 부분" 으로
구분할 수 있다.

Executives

Top

Bottom

Chapter
03

역량은 "3개 영역 6개 부분" 으로 구분할 수 있다.

역량을 "3개 영역" 으로 구분하면
효과적으로 활용할 수 있다.

인지영역(Thinking), **실행영역**(Working), **관계영역**(Relating)

> 리더는 미래의 비전과 목표를 설정하고 (Thinking)
> 구체적인 실행계획을 제시하고 (Working)
> 구성원들을 감동시키고 움직여야 한다 (Relating)

성과에 결정적인 영향을 미치는 요소가 역량이라고 강조하였는데, 이제 본격적으로 역량에 대하여 알아보도록 하겠다. 전문가들은 사람이 보유하고 있는 역량을 20~25개 정도로 나누어 정리하고 있다. 이를 역량사전(Competency Dictionary)이라고 하며, 역량사전은 역량의 명칭과 역량에 대한 정의·행동지표 등을 자세하게 설명하고 있는데 이 내용은 4장에서 자세하게 설명하겠다.

역량은 기본적으로 인지영역(Thinking) 실행영역(Working) 관계영역(Relating)으로 구분하여 설명할 수 있는데, 이렇게 나누어 정리하는 것이 이해하기 쉬우며 개발하기에도 더 효과적이다. 이렇게 3개 영역으로 나누는 것은 동서고금을 통하여 자연스럽게 이해되고 활용되었던 부분이다. 사람의 에너지발생 원천을 머리·몸·가슴으로 구분하여 성향검사에서도 활용하고 있으며, 동양적 관점에서도 리더의 스타일을 구분할 때 지장·용장·덕장으로 구분하는 등 이렇게 3개 영역으로 구분하는 방법은 성향이나 역량을 설명할 때 서로 일맥상통한다고 볼 수 있다.

역량이 우수한 사람은 3개 영역 모두 다른 사람들에 비하여 발달하였다고 할 수 있으며, 반대로 역량이 부족한 사람은 3개 영역이 모두 다른 사람에 비하여 부족하다고 할 수 있다. 그러나 아무리 역량이 우수한 사람도 3개 가운데 상대적으로 더 발달한 부분과 덜 발달한 부분이 있다. 또한 역량이 부족한 사람도 더 발달한 영역과 덜 발달한 영역이 있음을 알 수 있다.

이런 이유로 전체적으로 역량이 어느 정도 수준인가도 중요하지만,

이보다 더 중요한 것은 자신이 어느 영역의 역량이 더 발달하였고 어느 영역의 역량이 덜 발달하였는지를 파악하는 것이다.

더 발달한 역량을 파악하면 자연스럽게 자신이 더 잘할 수 있는 영역의 업무를 이해할 수 있으며, 더 발달한 영역의 업무를 수행할 때 더 높은 성과를 얻을 수 있고, 스스로 즐겁게 일을 수행할 수 있다.

예를 들어 인지영역이 발달한 사람은 '전략이나 기획' 같이 생각하고 계획하는 영역의 업무를 잘할 가능성이 높고, 실행영역이 발달한 사람은 '생산이나 영업' 같이 부여된 목표를 달성하기 위하여 계획을 수립하고 직접 이를 실행하여 눈에 보이는 성과를 창출하는데 능력을 발휘할 가능성이 높다. 관계영역이 발달한 사람은 '영업이나 대외협력' 같이 사람들과 어울리면서 타인의 입장을 이해하고 교류하는 분야에서 고성과를 창출할 가능성이 높다고 할 수 있다.

이러한 현상은 기업의 임원급을 역량평가하면 실제적으로 나타나는 현상이다. 즉 전략기획부문의 임원들은 인지영역과 관련된 역량들이 상대적으로 높게 나오고, 생산부문의 임원들은 실행영역과 관련된 역량들이 상대적으로 높게 나오며, 영업부문의 임원들은 다른 임원들에 비하여 관계영역과 관련된 역량들의 점수가 높게 나오는 것을 발견할 수 있다. 이 내용은 7장에서 자세하게 설명한다.

[표1] 역량의 '3개 영역'

역량의 '3개 영역'은 무엇인가?

1) 인지영역(Thinking)

■ 정의 : 주변상황과 개인·조직 간의 상호작용에서 핵심 내용을 인식하고 수용하여 어떻게 대응할 지를 판단하며, 정보를 정확하게 이해하고 문제의 핵심을 파악하며 그들 간의 연계성과 중요도를 고려하여 대응하는 능력이다.

■ 특징 : 이 영역은 사고능력이라고도 말한다. 포괄적인 시각으로 접근하고 종합적인 사고력과 상황을 이해하기 쉽게 구조화하는 능력이 뛰어나다. 대체로 지능이 높고 자료에 대한 이해가 빠르고 정확하며, 통합적인 사고력과 학습능력이 좋으며 지적 호기심이 많다. 지능

과 관계가 깊은 것은 어느 정도 있으나 반드시 정비례 하는 것은 아니며, 학력이나 전문성과도 상관관계가 깊은 것은 아니다.

직급의 관점에서 보면 초급·중간관리자 보다는 상대적으로 임원급 관리자에게 더 요구하는 역량이며, 직군의 관점에서 보면 전략기획 분야의 담당자들에게 상대적으로 요구되는 역량이다.

■ **장단점** : 인지영역의 역량이 발달한 사람들은 상황을 분석하고 미래를 예측하고 사업방향을 제시하는데 탁월한 면이 있다. 전체적으로 큰 그림을 구상하고 보통 사람들은 생각하지 못하는 문제의 핵심을 파악하거나 획기적인 해결방안을 제시하는 능력이 있다. 이 영역이 발달한 사람들은 일반적으로 도전정신과 성취력이 높고 독서와 학습을 통한 자기개발 노력을 상대적으로 많이 한다.

그러나, 인지역량만 높고 다른 영역이 낮으면, '자기중심적인 리더'가 될 가능성이 높다. 이들은 업무수행과정에서 주변 이해관계자들의 입장에 대한 고려를 별로 하지 않을 가능성이 있으며, 심지어 주변 사람들의 능력을 무시하는 경우도 발생하고, 과업이 실패할 경우에 다른 구성원들이 제대로 업무를 수행하지 못한다고 생각할 가능성이 높다.

사례 ① (인지영역만 매우 높았던 임원)

　H금융그룹의 C전무는 상사인 L부사장이 평가하기를 "C전무 덕분에 우리회사가 먹고 산다. 매우 똑똑할 뿐 아니라, 글로벌 금융시장의 변화 트렌드를 파악하는 능력이 탁월하여 회사가 나아갈 방향을 정확히 제시하고, 이에 맞추어 국내에 생소한 신상품을 개발하는 면이 탁월하다."라고 할 정도로 금융에 대한 전문지식, 전략적인 사고력, 국내외 시장변화에 대한 통찰력 등이 매우 우수하여 회사의 전략적 방향과 새로운 신상품에 대한 기획 등에서 탁월한 능력을 보여주고 있었다. 명문 S대 경영학과를 졸업하고 아이비리그 대학에서 MBA를 마친 후에 글로벌 전략컨설팅사에서 근무하였으며, 40대 초반에 임원으로 스카우트되어 10년 가까이 회사의 전략기획을 담당하고 있었다.

　부하직원들은 인터뷰에서 "전무님은 온순하고 사람도 좋으며 배울 것이 많다. 워낙 똑똑하고 아는 것이 많아서 일 년만 같이 근무하여도 다른 곳에서는 배울 수 없는 지식과 경험을 습득하게 된다. 그러나, 딱 일 년만 근무하는 것이 좋다. 사람은 좋으나 항상 업무와 관련된 이야기만 하고 휴일도 없이 일하는 것이 보통이다. 감성능력이 워낙 부족하여 부하직원들의 개인적인 문제에 관심이 전혀 없고, 심지어 술은 고사하고 같이 밥 먹는 것도 불편하다."

　본인 인터뷰에서 C전무는 "내가 감성능력이 좀 부족하다는 것은 알고 있지만, 일 년전 다면평가에서 부하육성, 의사소통 등의 역량이 매우 낮게 나온 것을 보고 충격을 받았다. 지난 일 년 동안 이 부분의 역량개발을 위하여 부하직원들에게 먼저 인사하고 같이 커피도 마시고 점심식사도 하는 등 열심히 노력했으나, 올해도 작년과 비슷한 평가결과가 나온 것을 보면 부족한 역량개발이 잘 안되는 것 같다." 그러면서 C전무는 "솔직히 커피 마시며 직원들과 신상문제를 이야기 하는 등 잡담하는 시간이 아깝다. 그리고 코칭·커뮤니케이션 등 관계영역과 관련된 역량들이 개발이 안되는 것 같은데, 앞으로 역량개발을 어떻게 해야 할 지가 고민이다."

평가결과도 인지능력은 매우 우수하였으나, 실행능력은 보통이고 관계능력은 매우 미흡한 것으로 나타났다.

평가결과에 대한 피드백을 하는 과정에서 필자는 C전무에게 "부족한 감성능력이 일 년간 먼저 인사하고 같이 커피 마신다고 개발되는 것은 아니다. 먼저 당신의 직장생활 목표와 가치가 무엇인지 깊이 고민하고, 방향이 정리되면 스스로 강점을 더 개발할 지, 약점을 보완할 지를 정해야 한다. 단 어떠한 경우에도 당신의 성향과 스타일로 인해서 부하직원들이 업무수행을 하는데 있어서 힘들어 한다는 것만 명심하라."고 조언을 하였다.

일 년 후 한 신문의 인사기사에서 C전무가 부사장으로 승진한 기사를 보았다.

2) 실행영역(Working)

■정의 : 목표를 효과적으로 달성하기 위하여 다양하고 구체적인 실행계획을 장기·단기적으로 수립하고, 실행과정에서 발생 가능한 장애요인을 예상하고 보완 사항을 생각한다. 그리고 수립된 실행계획을 열정과 의지를 갖고 추진할 뿐 아니라, 구성원들이 반드시 목표를 달성할 수 있도록 효과적으로 조직을 리드하는 능력이다.

■특징 : 이 영역은 실천하는 행동능력으로 업무능력이라고도 말한다. 목표를 달성하기 위한 실행계획을 체계적이고 구체적으로 수립하는 면이 우수하며, 제 3자가 보아도 계획대로만 진행하면 과업을 완수하고 목표가 달성될 수 있다는 확신이 들도록 일에 대한 계획수립능력과 추진력이 우수하다. 또한 목표를 달성하려는 의지와 열정이 상대적으로 강하고, 어떠한 방법을 사용해서라도 조직 구성원들을 자기가 원하는 방향으로 움직이는 능력이 상대적으로 강하다.

주어진 목표를 달성하는 것이 조직구성원의 기본 임무라는 관점에서 이 영역의 역량은 임원급 리더 뿐 아니라, 초급 · 중간급관리자에게도 기본적으로 필요한 역량이다. 직군의 관점에서 보면, 생산부문과 영업부문의 담당자들에게 잘 나타나고 있는데 특히 생산부문의 임원들에게 높게 나타나고 있다.

■장단점 : 실행영역의 역량이 발달한 사람들은 경험을 통한 학습능력이 우수한 경향이 있다. 학습을 통하여 문제해결방법을 터득하고 다양한 성공 · 실패 사례를 통하여 새로운 방법을 응용하는 면도 우수하다. 과업을 반드시 달성하려는 성취력과 열정이 상대적으로 높고, 구성원들을 자신의 의지대로 움직이려는 면도 강하게 나타난다. 또한 조직에 대한 충성심도 상대적으로 높게 나타나는 경향이 있다.

그러나, 다른 영역의 역량이 낮으면서 실행영역의 역량만 높으면

'성과중심적인 리더'가 될 가능성이 있다. 목표달성만을 최우선으로 생각하여 결과의 질적인 면은 상대적으로 고려하지 않을 가능성이 있고 상황을 폭넓게 보지 못하고 단편적으로 문제해결에 접근할 가능성이 있다. 또한 성과창출에만 집중하고 인간관계를 소홀히 하여 장기적인 성과창출과 원만한 인간관계에 어려움을 겪을 가능성도 있다.

사례 ② **(실행영역만 높았던 임원)**

L그룹의 계열사에서 생산본부장으로 근무하는 L공장장은 전형적인 성과중심의 리더로서 한 번의 중국 현지 공장장 근무를 비롯하여 필자가 역량평가를 할 당시에 공장장을 3번째로 수행하고 있었다. 특이한 점은 그는 주로 생산성이 떨어지는 공장의 공장장만 맡은 것이다. 그는 일 년 전 그룹에서 실시한 임원급 역량평가에서 낙제에 준하는 평가점수를 받았는데, 일년 후 실시한 역량평가에서도 또 다시 최하위권 수준의 평가점수를 받았다. 구체적으로 살펴보면, 실행영역의 역량과 관련된 점수는 비교적 양호하게 나왔지만, 인지영역과 관계영역의 점수는 매우 낮게 나왔다. 실행영역에서도 계획을 체계적으로 수립하는 면은 미흡했으나, 회사의 방향이 정해지고 목표가 주어지면 밤낮을 안가리고 과업을 완수하는 의지와 열정 및 구성원들을 독려하는 면은 타의 추종을 불허하는 수준이었다.

L공장장은 필자와 인터뷰에서 "제가 똑똑하거나 역량이 높지는 않다고 생각합니다. 그러나 회사에 대한 충성심은 우리 회사에서 제일 높다고 생각합니다. 회사의 방향이 정해지고 나에게 목표가 부여되면, 무슨 일이 있어도 반드시 달성해야 한다는 것이 저의 신념이고 소신입니다. 회사가 살아야

개인도 살 수 있는 것이기 때문에 누구든지 회사가 어려우면 개인적인 문제는 고려할 필요가 없다고 생각합니다. 목표달성을 위하여 수 일·수 주 동안 집에 못 들어가고 회사에서 자는 경우도 있었고, 불평불만이 많은 직원들을 설득하기 위하여 안해본 일이 없습니다. 직원들이 회사에 불만이 있더라도 제 열정과 노력 덕분에 설득한 경우도 많이 있습니다. 제가 다른 사람 보다 잘할 수 있는 유일한 것입니다."

평가결과에 대한 피드백에서 필자는 L공장장에게 "나름 강점을 잘 개발한 부분은 인정하겠는데, 약점을 보완하는 문제를 너무 무시한 것 같다. 실행능력만 갖고 성과를 창출하면 단기성과는 낼 수 있으나, 장기성과를 얻기는 힘들다. 관계영역의 역량을 같이 발휘해야 조직이 원하는 성과를 장기적으로 얻을 수 있다. 구성원들이 갖고 있는 조직에 대한 불만과 그들의 어려운 입장에 대하여 좀 더 고민하면서 과업을 추진하면 좋겠다."

필자는 L공장장이 임원으로서의 역량과 인성이 충분하다고 보지는 않는다. 다만 자신의 강점을 나름대로 개발하여 생산성이 저하되거나 분규가 예상되는 공장의 책임자로 자신만의 확실한 영역과 역할을 자리매김한 것으로 본다.

3) 관계영역(Relating)

■ 정의 : 자신의 특질과 감정의 상태를 잘 인식하고 어떠한 상황에서도 자신의 감정을 조절할 수 있는 능력이며, 타인의 감정과 입장을 이해하고 존중하고 공감하는 능력이 우수하다. 또한 효과적인 의사소

통을 통하여 원만하고 발전적인 대인관계를 형성하고 활용하는 능력이다.

■**특징** : 이 영역의 역량은 감성지능과 관계가 깊이 있다. 사람과 조직에 대하여 이해하고 공감하는 능력이 우수하다. 기본적으로 사람에 대한 관심이 많고 상대방의 특성이나 어려운 입장을 이해하고 상호 교류를 잘한다. 조직 내에서 복잡한 인간관계의 역학을 잘 이해하고 핵심을 파악하는 면이 우수하며, 상대의 특징을 고려하여 자신의 우군으로 확보하는 능력이 있다.

직급의 관점에서 보면 모든 직급에 필요한 역량이지만, 특히 팀장이나 부서장 등 중간관리자에게 기본적으로 요구되는 역량이다. 직군의 관점에서 보면 영업이나 대외협력 등 사람을 만나고 관리하는 부문의 담당자들에게 강조되는 역량이며, 영업부문의 임원급에서 상대적으로 높게 나타난다.

■**장단점** : 관계영역의 역량이 발달한 사람들은 대체로 인간중심적인 사고방식을 갖고 있으며, 타인의 성장과 육성에 관심이 많고 주변사람들과 원만한 인간관계를 잘 형성하고 유지한다. 또한 조직 활성화와 구성원들의 만족도 향상에 관심을 갖고 있어 조직 내에서 주변에 적이 없고 따르는 사람들이 상대적으로 많다.

그러나, 다른 영역의 역량이 낮고 관계영역의 역량만 높으면, 그냥 '인간성 좋은 리더'가 될 가능성이 있다. 과업 보다는 인간문제에 관심이 많고 소중하게 생각하기 때문에 자칫 성과를 제대로 창출하지 못할 가능성이 있다. 또한 인간관계의 갈등을 해결하기 보다는 회피할 가능성이 있어서 자칫 사람은 좋으나 문제를 해결하지 못하는 무능력한 리더로 보일 수도 있다.

사례 ③ (관계영역만 높았던 임원)

정부의 모부처에서 대민관계 업무 분야에 근무하는 K국장은 전형적으로 관계역량만 높은 사람이었다. 그는 9급 공무원으로 공직생활을 시작하여 30년 이상 한 부처에만 근무하면서 정년이 2년 정도 남아 있었다. 고위공무원단 역량평가를 2회 떨어지고 마지막 한 번 더 역량평가를 볼 기회가 남아 있었다. 50대 후반인 그가 역량평가를 통과하기는 상당히 어려운 일이었다.

K국장은 부처 내에서도 배려, 희생, 긍정마인드의 대명사처럼 인식되고 있는 사람으로서 초면에도 매우 따뜻한 동네 형님 같은 이미지였고, 개인적으로 사회봉사활동도 열심히 하고 있었다. 그는 필자에게 "저는 더 이상 승진에 욕심이 없습니다. 30년 전 공무원을 시작할 때 5급 사무관이 목표였는데, 고위공무원단 후보가 된 것만도 영광이라고 생각합니다. 솔직히 역량평가를 받을 때 주어진 자료도 제대로 이해하기가 힘들었습니다. 2년 남은 공직생활 잘 마무리하고 정년퇴직 후에 사회에 좀 더 기여할 수 있는 일을 고민하고 있습니다. 다만 역량평가를 볼 기회가 한 번 더 있으니 일단 최선을 다해서 평가를 받고 싶습니다."라고 말했다.

필자가 보아도 그는 인지영역과 실행영역의 역량이 부족하고 관계영역에서도 의사소통 기술이 다소 미흡하여 역량평가를 통과하기는 어려워 보였다. 그에게 두 가지 행동지침을 코칭하였다. "첫째, 매일 신문사설을 읽고 3줄로 요약한 후 반대 논리를 3줄로 정리하라. 둘째, 부하직원들과 회의할 때 부하직원 의견의 핵심을 요약해서 다시 확인하고, 자신의 의견을 짧게 전달하라." 또한 그에게 역량개발과 역량평가를 통과하는데 큰 기대를 하지 말고, 개인적으로 좀 더 성장할 수 있다는 의미에서 위와 같은 행동을 자주 할 것을 권하였다. 역량평가를 통과하거나 역량이 개발되기를 기대하기 보다는 정확히 자신의 장단점을 이해하고 약한 영역의 역량이 조금이나마 보완되기를 기대하는 차원이었다.

약 4개월 후, 생각지도 않았는데 K국장에게서 문자 메시지가 왔다. "신교수님께서 전에 코칭해 준 두 가지 사항을 수개월 동안 나름 열심히 실행하였고 그 과정에서 느끼는 것이 많았습니다. 그리고 이틀 전 역량평가를 받았는데 통과하였습니다. 감사합니다."

K국장에 대한 코칭은 나에게도 잊지 못할 만남이 되었다.

역량의 '3개 영역'은 하위 '6개 부분'으로 구분할 수 있다.

앞에서 역량을 3개 영역으로 구분하여 설명하였는데, 여기서는 역량의 3개 영역을 각 영역마다 2개 부분으로 구분하여 총 6개 하위부분으로 구분해서 이해를 돕고자 한다. 앞에서도 언급한 것처럼 일반적으로 성향이나 역량을 인지영역, 실행영역, 관계영역으로 구분하여 역량 평가를 하거나 코칭을 하는 경우가 많다. 필자가 수년간 역량평가를 한 이후에 다른 평가위원들과 평가대상자들에 대한 조정회의를 하는 과정에서 3개 영역이 내부적으로 각각 2개로 구분 가능하다는 것을 깨달았다.

예를 들면, 인지영역과 관련하여 어떤 대상자는 미시적으로 하나하나 개별 문제에 대한 이해와 분석을 잘하고 개별적으로 대안도 완벽하게 수립하는 면이 있으나, 개별 문제의 연계성을 파악하지 못하여 전체적인 그림을 이해하지 못하는 경우가 자주 발생하는 것을 알았다.

또 어떤 대상자는 실행영역과 관련하여 목표달성을 위한 체계적이고 구체적인 계획을 수립하는 능력은 상대적으로 부족하였으나, 목표가 주어지면 과거의 경험을 바탕으로 열정을 갖고 조직원들을 움직여서 목표를 달성하는 능력이 우수한 경우도 보았다.

또한 관계영역과 관련하여 부하직원의 어려운 상황을 직관적으로 이해하고 공감하는 면이 우수하여 편하고 따뜻한 마음을 갖고 있는 것을 알 수 있으나, 효과적인 의사소통 기술이 부족하여 상대를 효과적으로 설득하지 못하고 다소 답답한 느낌이 들게 하는 경우를 자주 보았다.

이러한 과정에서 3개 영역이 내부적으로 다시 구분 가능하다는 것을 알았고, 역량평가를 한 이후에 이렇게 6개 부분으로 구분하여 정리해서 평가결과에 대한 피드백과 코칭을 하는 것이 훨씬 수월하고 평가대상자들도 자신의 역량에 대한 이해도와 개발방법을 찾는 것이 빠르고 효과적이라는 것을 느꼈다.

[표2] 역량의 '3개 영역 6개부분'

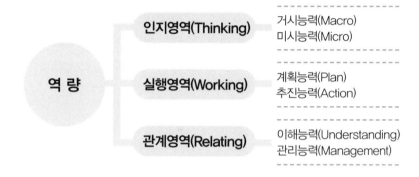

(1) **인지영역**(Thinking)**은 거시**(Macro)**적인 능력과 미시**(Micro)**적인 능력으로 구분할 수 있다.**

■ **거시능력**(Macro) : 주변에서 발생한 상황에 대하여 다각도의 시각으로 접근하고 개별적인 정보를 파악한 후에 종합적으로 분석하고 통합적으로 사고하는 능력이다. 또한 어떤 문제가 발생한 상황에서 겉으로 나타난 문제의 현상만을 보는 것이 아니라 이면에 있는 문제핵심을

파악하고 근본원인을 이해하려고 노력한다.

거시능력은 상대적으로 선천적인 영향이 강하며, 어린 시절부터 어떤 현상이나 문제에 대하여 다양한 시각을 갖고 폭넓게 사고하는 훈련을 하게 될 경우에 발달할 가능성이 높고 전문지식과 경험한 분야에서 더욱 잘 발휘될 가능성이 높다. 이 능력이 발달한 사람은 어떤 상황에서도 전체적인 큰 판을 보거나 큰 그림을 그리는 경우가 많으며, 다양한 각도에서 상황을 이해하고 분석하는 면이 있다. 또한 겉으로 나타나지 않은 문제의 핵심이나 본질적인 원인을 찾아서 근본적인 해결방안에 접근하려는 면이 있다. 한 마디로 전체 숲을 보는 능력이 탁월하다고 할 수 있다. 그러나 전문지식과 경험이 부족하면 비현실적인 사고를 하거나 일반적인 사고로 이해하기 힘든 엉뚱한 생각을 할 가능성이 있다.

이 영역에 속하는 역량은 개념적 사고력, 비전제시, 창의력, 혁신능력, 미래주도력 등이 주로 해당 된다.

■ **미시능력**(Micro) : 개별적인 정보와 자료에 대한 이해와 분석력이 우수하고, 컨설팅에서 주로 사용하는 여러 가지 분석도구를 통하여 개별사안에 대한 인과관계를 빠르고 정확하게 파악하는 능력이다.

미시능력은 개별적인 상황과 문제에 대한 인과관계를 파악하여 문제해결 방향을 제시하는 면이 우수하다. 그러나 개별 사안에 대하여 논리적이고 합리적인 방법을 통하여 문제해결에 접근하는 능력이 우수하지만, 복잡한 상황에서 문제의 감춰진 이면을 이해하거나 문제핵심을 파악하고 이를 단순화 하여 제시하는 면은 다소 약하게 나타난다. 한 마디로 전체 숲 보다는 숲 속의 나무를 보는 능력이 우수하다. 이 능력은 상황분석·문제해결 등과 관련된 다양한 컨설팅 기법을 배우고 훈련해서 개발 가능성을 높일 수 있다.

이 영역에 속하는 역량은 분석적 사고력, 기획력, 정보수집력, 의사결정력 등이 주로 해당 된다.

(2) 실행영역(Working)은 계획능력(Plan)과 추진능력(Action)으로 구분할 수 있다

■ 계획능력(Plan) : 과업의 방향과 목표가 설정되면 이를 달성하기 위한 실행계획을 잘 수립하는 능력이다. 실행계획을 구체적이고 단계적으로 수립할 뿐 아니라 우선순위와 발생 가능한 장애물과 위험요소를 예상하고 점검계획을 수립하는 등 완성도 높은 실행계획을 수립하는 능력이다.

계획능력은 목표가 주어지면 이를 효과적으로 달성하기 위한 구체적인 계획을 잘 수립하는 능력이다. 이 능력이 우수한 사람이 세운 계획을 보면 구체적일 뿐 아니라 중요도와 시급성을 고려하여 단계적으로 실행계획을 수립하고, 장애물에 대한 대안도 고려하고 있어서, 누가 보아도 계획대로만 실행하면 목표가 달성될 수 있다고 느낄 수 있다. 이 능력은 다른 영역의 역량에 비하여 교육과 훈련을 통하여 개발 가능성이 가장 높은 부분이다.

사람들은 어린 시절부터 어느 정도 이러한 능력을 훈련받고 발휘한 경험이 있다. 학생시절에 누구나 시험을 앞두고 성적향상에 대한 목표를 세우고 나름 월(月)·주(週)·일(日)단위로 공부 스케줄을 작성해 보았을 것이다. 그러나 자세히 보면, 누구는 항상 원대한 목표만 세우고 세부 스케줄이 막연하고 구체적이지 않아서 성적을 향상시키는데 실패한 학생이 있고, 누구는 과목별로 단계적으로 장단기 계획을 수립하여 원하는 목표에 달성하는 경우가 있다. 이러한 능력은 사회생활을 하면서도 동일하게 나타난다. 또한 기업에서도 이 부분의 역량개발을 위하여 구성원들에게 성과관리, 목표관리, 시간관리 등 교육훈련을 가장 많이 시키는 부분이기도 하다.

이 영역에 속하는 역량은 계획수립능력, 실행지시력, 성과관리능력, 팀리더십, 변화관리 등이 주로 해당 된다.

■ **추진능력**(Action) : 목표를 달성하기 위하여 열정과 의지를 갖고 일을 추진하는 능력이다. 주로 경험을 바탕으로 혼자서 해결하든가 아니면 구성원들을 독려하고 달래서 추진하든가, 또한 추진과정에서 생각하지 않은 난관에 봉착하더라도 문제를 해결할 수 있다는 신념과 의지를 갖고 반드시 목표를 달성하려는 능력이다.

추진능력은 체계적인 계획을 수립하는 능력은 다소 부족해도 적극적으로 실행하여 반드시 목표를 달성하는 능력이다. 주변 사람이 볼 때는 계획이 없거나 계획이 완성도가 부족하여 달성 가능성이 적다고 생각할 지라도 어찌됐건 일정 부분의 성과를 만들어낸다.

앞에서도 언급한 것처럼 학생시절에 공부 스케줄은 항상 짜지만, 제대로 실행을 하지 않아서 원하는 목표를 한 번도 달성하지 못하는 경우를 많이 볼 수 있다. 그런데 어떤 학생은 계획을 잘 수립하지 않아도, '공부에 왕도는 없다' 는 신념 하에 영어사전을 통째로 외우는 등 무식할 정도로 공부하여 결국 원하는 목표를 달성하는 경우를 볼 수 있다. 사회생활에서도 계획이 다소 미흡하여도 혼자서 열심히 하여 달성하는 경우도 있고, 혹은 조직관리 기법은 잘 몰라도 부하직원들을 칭찬하며 달래든 아니면 윽박지르며 권위적으로 이끌고 가든 성심성의껏 구성원들을 관리하면서 목표를 달성하는 경우를 볼 수 있다.

이 영역에 속하는 역량은 열정, 추진력, 실행지시력, 조직영향력,

조직통합력 등이 해당 된다.

(3) 관계영역(Relating)**은 이해능력**(Understanding)**과 관리능력**(Management)**으로 구분할 수 있다.**

■ **이해능력**(Understand)**은** 상대방에 대한 공감능력과 직결된다. 자신의 감정 뿐 아니라 상대방의 감정과 입장을 잘 이해하고 공감하는 능력으로 타인 뿐 아니라 조직에 대한 이해도와 공감능력이 우수한 것으로, 감성지능(EQ)과 깊은 연관이 있다.

이해능력은 감성지능(EQ)의 '자기이해' 와 '자기관리' 및 '타인이해'와 깊은 연관성이 있다. 이 능력이 우수한 사람은 자신의 감정 상태에 대한 이해가 빠르고 관리를 잘하며, 타인의 감정에 대한 이해도 빠르고 정확하다. 상대방이 어떤 감정이나 기분을 갖고 있는지를 느끼고 공감하며 상호교류 하는 면이 우수하다. 따라서 이 부분의 역량이 우수한 사람과 같이 생활하면 마음이 편하다는 것을 느낄 수가 있다.

이 부분은 다른 부분의 역량에 비하여 상대적으로 선천적인 영향을 크게 받는다고 볼 수 있다. 우리는 흔히 "눈치 없다"는 표현을 자주 하는데 "눈치 없는 사람은 항상 눈치 없다"는 것을 경험을 통하여 알 수 있다. 어떤 사람들은 감성개발훈련을 통하여 충분히 개발이 된다는 주장도 있는데, 필자의 경험으로는 어느 정도 개발이 가능하지만 한계가 있다고 본다. 공감능력이 약한 사람들이 개발이 되었다고 하는 경우를 자세히 살펴보면, 상대의 입장을 감성적으로 공감하는 것이 아니라 인지능력을 통하여 이성적으로 공감하고 있다는 것을 알 수 있다. 이렇게 이성적으로 개발된 감성능력은 위급한 상황이거나 시간적으로 촉박한 상황에서는 상대에게 공감할 수 있는 이해능력이 잘 발휘되지 않는 경우가 자주 나타난다.

이 영역에 속하는 역량은 대인감수성, 정서관리, 자기관리 등이 해당 된다.

■ 관리능력(Management)은 구성원들이나 주변사람들과 관계를 원만하게 유지하고 활용하는데 필요한 관계적인 기술들이 해당된다.

관리능력은 감성적으로 공감하는 능력은 다소 미흡하더라도 학습과 훈련을 통하여 역량개발 가능성이 큰 부분이다. 어린 시절부터 발표를 잘하고 친구들과 사이좋게 지내고 관계를 잘하는 사람들이 있다. 반면에 어린 시절에는 앞에 나서서 발표도 못하고 친구관계도 넓지 않았으나, 성인이 된 이후에 이런 역량을 잘 발휘하는 경우를 간혹 볼 수 있다. 이런 사람들을 분석해 보면 타고난 사교성과 언변을 바탕으로 관리능력이 우수한 사람도 있지만, 후천적인 교육과 지속적이고 다양한 훈련을 통하여 개발된 사람들도 많이 있다.

이 부분의 역량이 우수한 사람들은 자신의 의견을 요약하여 전달하는 면이 우수하고, 상대방 의견의 핵심을 잘 파악하는 면이 있고, 평상시에도 친구들과 교류나 거래처 관리 등을 잘하는 경향이 있다. 그러나 조직 내에서 어떤 상사는 말도 잘하고 개인적인 어려움도 들어주는 등 코칭을 잘 하고 있으나, 부하직원이 속마음이나 어려움을 먼저 말하지 않으면 잘 파악하지 못하는 경우가 있는데, 이런 사람은 관리능력은 우수하지만 공감능력은 상대적으로 미흡하다고 할 수 있다.

이 영역에 속하는 역량은 의사소통, 코칭스킬, 설득력, 고객이해력, 관계구축력 등이 해당 된다.

도움말

위에서 6개 각 부분에 독자의 이해를 돕기 위하여 해당하는 역량을 나열하였는데, 일부 독자들은 각 부분에 해당하는 역량에 대하여 의아하거나 동의하기 어려운 부분도 있을 것이다. 이러한 의문이 드는 것은 당연한 일이다. 역량은 정의를 어떻게 하느냐에 따라서 다르게 설명할 수 있으며, 정의와 행동지표가 잘 정리되었다 하더라도, 개별 역량의 영역을 칼로 무우 자르듯이 명확하게 구분할 수 없기 때문에 일부는 중복될 수 있다. 더 중요한 것은 사람의 몸이 머리·몸·가슴이 분리될 수 없는 것처럼 우리가 일반적으로 사용하는 개별 역량은 어느 한 영역에 완전히 속하는 것도 있지만 다른 영역에 일부가 중복되어 겹치는 것도 있다는 사실이다.

역량의 '3개 영역' 내부의 상관관계

인지영역(Thinking), 실행영역(Working), 관계영역(Relating)의 각 영역이 높다 하더라도 내부적으로 두 개 부분에서 역량차이가 나면 해당 영역의 역량이 효과적으로 발휘되지 못한다. 이러한 현상은 필자가 오랜 기간 동안 역량평가와 코칭을 통하여 파악하였으며, 이러한 영역 내부의 차이로 인하여 많은 대상자들이 자신의 강점인 역량과 약점인 역량을 오해하는 경우가 자주 발생한다는 사실을 알게 되었다. 사람들이 흔히 어떤 영역의 역량이 강점인 것 같기도 하고 어떤 면에서는 약점인 것 같기도 하다는 생각을 하는 경우가 많이 있는데, 이러한 현상이 바로 동일 영역 내부의 역량 간의 차이에서 발생하는 것을 알 수 있다.

아래에서 동일 영역의 두 개 역량부분이 내부적으로 불균형을 이루면 자주 나타나는 경우를 알아보겠다.

(1) 인지영역(Thinking)

■ 거시능력이 높고 미시능력이 낮은 경우

이 경우에 해당하는 사람들은 일반적으로 지능이 좋고 학습능력이 우수한 면이 있다. 여기에 해당하는 사람들은 '게으른 천재형'에 속한다고 할 수 있다. 거시능력과 미시능력 두 개 부분 모두가 높으면 어떤 상황에서도 전체적인 그림을 그리고 조직의 비전과 방향을 제시하고 근본적인 문제점과 해결방안을 제시한다.

　그러나 거시능력만 발달하고 상대적으로 미시능력이 약하면 구성원들이 이해하기 힘들거나 실행하기 어려운 방안을 제시할 가능성이 높고, 특히 경험이 없는 분야에서 기본적인 방향을 잘 못 잡거나 혹은 너무 앞서 나가는 생각을 하여 다소 엉뚱하거나 단순한 아이디어 등 실현가능성이 낮은 대안을 제시할 가능성이 높다.

　여기에 해당하는 사람들은 자신의 지능과 사고력이 좋다는 것에 대하여 자만을 하는 경우도 자주 볼 수 있으며, 자신의 생각을 이해하지 못하는 상대방을 속으로 무시하여 의사소통에 어려움을 겪을 가능성이 있다.

　■ 미시능력이 높고 거시능력이 낮은 경우

　이 경우에 해당하는 사람들은 상대적으로 지능이 높거나 통찰력이 있기 보다는 열심히 노력하여 전략적인 사고를 자주하는 경우로서 '생각하는 노력형'에 해당한다고 볼 수 있다.

　미시능력이 높은 사람들은 주로 컨설팅 기법이나 다양한 분석도구들을 학습하고 활용하여서 상황을 파악하거나 문제의 원인을 찾아서 대안을 제시하는 면이 우수하지만, 전체적인 큰 그림을 보는 면은 약하게 나타난다. 따라서 개별적인 해결방안을 제시하는 면은 양호하나 복잡한 상황이나 정보가 부족한 상황에서 의사결정을 합리적으로 하는 능력은 약하게 나타난다.

여기에 해당하는 사람들은 스스로 자신들이 인지영역의 역량들이 전체적으로 우수하며, 전략적인 사고와 접근을 잘하고 종합적인 분석을 잘 한다고 과대 평가하는 경우를 자주 볼 수 있다.

(2) 실행영역(Working)
■ 계획능력이 높고 추진능력이 낮은 경우

이 경우에 해당하는 사람들은 문제해결에 대한 이해력과 학습능력이 있어서 성공과 실패 경험을 바탕으로 목표달성에 대한 실천계획을 체계적으로 잘 수립한다. '경험하는 노력형' 이라고 볼 수 있다.

이들은 누가 보아도 계획대로만 진행하면 목표를 달성할 수 있다고 생각할 수 있는 계획을 체계적이고 구체적으로 잘 수립한다. 그러나 상대적으로 추진능력이 낮으면, 사전에 예상한 장애물이 발생할 경우에도 과감하게 돌파하여 해결하지 못하거나, 예상 못한 난관이 발생하면 열정이 부족하여 소극적으로 추진하거나 포기하는 경우도 나타나서 성과달성에 어려움을 겪을 가능성이 높다.

여기에 해당하는 사람들은 기대하는 성과창출에 미달할 경우에 자신이 수립한 계획은 완벽한데, 구성원들이 제대로 이해하고 실행하지 못하였다고 생각할 가능성이 높다.

■ 추진능력이 높고 계획능력이 낮은 경우

이 경우에 해당하는 사람들은 상대적으로 일을 진행하기 전에 오래 생각하고 고민하는 것 보다는 일단 행동을 시작하고 추진하는 과정에서 발생하는 문제는 그때그때 해결하면 된다고 생각하는 경우로서 '부지런한 행동형' 이라고 볼 수 있다.

기본적으로 열정이 있고 적극적으로 행동하는 성향의 소유자들이 많다. 목표달성을 최우선으로 생각하기 때문에 합리적인 방법을 고민하기 보다는 어떤 방법으로든 우선 목표를 달성하고 보자는 생각이 강하다. 이런 특성이 있는 관리자들은 단기적이거나 단순한 상황에서는 효과적이지만, 상황이 복잡하거나 중장기적인 과업달성에 어려움을 겪을 가능성이 높다.

여기에 해당하는 사람들은 새로운 것을 학습하기 보다는 경험에 의존하여 해결하려는 경향과 주관적인 판단과 주장이 강한 경향이 있다. 주변 사람들과 업무수행과 관련하여 호불호가 비교적 명확하게 나타나는 경향이 있다.

(3) 관계영역(Relating)

■ 이해능력이 높고 관리능력이 낮은 경우

이 경우에 해당하는 사람들은 6가지 유형 중에서 '인간관계 중심적' 경향이 가장 강하다고 볼 수 있다. 기본적으로 더불어 사는 세상을 강조하며 따뜻한 마음을 갖고 있으며, 과업해결 보다는 일단 구성원들이 갖고 있는 어려움을 걱정하고 해결하려는 경향이 강하다. 한 마디로 '따뜻한 형님형' 이다.

관리능력이 낮으면 구성원들과 성과창출을 위한 효과적인 의사소통이 미흡하고 구성원들에게 방향제시나 문제해결의 방안을 효과적으로 제시하고 이끌어 가는데 어려움을 겪을 가능성이 높다. 부하직원들은 이러한 상사에 대하여 "좋은 분이지만 가끔 답답함을 느끼고, 성과를 내는 데는 한계가 있다"고 자주 표현한다.

여기에 해당하는 사람들은 주변 사람들과 좋은 인간관계를 잘 맺으나, 관계중심적인 성향이 강해서 어떤 경우에는 실행계획을 강하게 추진하지 못하여 성과창출에 상대적으로 어려움을 겪을 가능성이 있으며, 스스로 성공 보다는 행복과 공존이라는 부분에 더 치중하는 경향이 있다.

■ 관리능력이 높고 이해능력이 낮은 경우

이 경우에 해당하는 사람들은 대부분 말을 잘하고 사람들과 교류하는 것을 중요시하고 인간관계를 관리하는데 많은 투자를 한다. 한 마디로 '말 잘하는 사교형' 이다.

관리능력이 우수하면 주변 사람들과 관계하고 관리하는데 탁월한 능력을 발휘할 가능성이 높고 상대방도 편하게 느껴질 수가 있다. 부하직원 입장에서는 자신의 역할을 잘 설명해주고 자신의 진로에 대하여도 방향과 방법을 챙겨주는 등 효과적인 관계를 유지한다. 그러나 상대적으로 이해능력이 부족하면 진실성이 부족하게 보일 수도 있고, 우호적인 관계를 장기간 유지하는데 어려움을 겪을 가능성도 있다.

여기에 해당하는 사람들은 관리능력과 관련된 기술을 학습하고 노력했을 가능성이 높다. 이들은 말만 잘하고 진정성이 없다는 이야기를 들을 가능성이 있으며, 이해능력을 포함하여 관계영역의 역량을 스스로 과대평가하는 경향이 있다.

[표3] 6개 부분 역량의 불균형에 따른 리더의 유형

인지영역	게으른 천재형	거시능력이 높고 미시능력이 낮다
	생각하는 노력형	미시능력이 높고 거시능력이 낮다
실행영역	경험하는 노력형	계획능력이 높고 추진능력이 낮다
	부지런한 행동형	추진능력이 높고 계획능력이 낮다
관계영역	따뜻한 형님형	이해능력이 높고 관리능력이 낮다
	말잘하는 사교형	관리능력이 높고 이해능력이 낮다

역량의 '3개 영역' 특징과 상호연관성

인지영역(Thinking), 실행영역(Working), 관계영역(Relating)의 3개 영역은 서로 독립된 영역이면서 일정 부분은 서로 간에 상호연관성이 작용하고 있다. 또한 개별 역량 명칭을 어떻게 정하고 개념을 정의하느냐에 따라서 두 개의 영역에 걸쳐서 해당 될 수가 있다.

예를 들어서 '전략적 실행력'이라고 역량명칭을 정하고 개념정의를 '어떠한 상황에서도 정보를 종합적으로 사고하고 이해하며, 반드시 달성될 수 있는 실행계획을 구체적으로 수립하는 능력'이라고 정의하면, 이 역량은 행동지표에서 인지영역(Thinking)과 실행영역(Working)에 해당하는 내용들을 같이 포함하게 된다.

또 하나의 예를 들면, '협업능력'이라고 역량명칭을 정하고 개념정의를 '개인 간의 차이점과 어려움을 이해하면서 서로 도와주고, 조직의 목표를 달성하기 위하여 조직구성원들 간에 정보를 공유하고 협력하여 과업을 완수하는 능력'이라고 정의하면, 이 역량은 실행영역(Working)과 관계영역(Relating)에 해당하는 내용들이 같이 포함하게 된다.

이렇듯 역량은 명칭이 중요한 것이 아니고 어떻게 개념을 정의하는가가 중요하며, 역량의 정의와 행동지표를 정확히 이해하고 개발방법을 찾는 것이 효과적이다. 다음에서 각 영역간의 상호연관성과 역량개발 가능성의 정도에 대하여 살펴본다.

(1) 영역 간 상호연관성과 특징

■ 인지영역의 거시능력(Macro)과 관계영역의 이해능력(Understanding)은 선천적인 영향이 상대적으로 강하게 나타난다.

거시능력과 이해능력은 통찰력 혹은 직관력과 관련이 있다. 이 부분은 굳이 학습이나 훈련을 하지 않아도 해당 역량이 발달한 사람들이 있다. 반대로 아무리 학습하고 훈련해도 거의 개발되지 않는 사람들도 있다. 이러한 이유는 이 두 개의 부분은 2장에서 설명한 빙산모델에 비추어 보면 수면 밑 빙산의 제일 아래 부분 영향을 받기 때문이다.

많은 사람들은 자신은 거시능력이 우수하다고 생각하지만, 필자의 경험으로 볼 때 인지영역(Thinking)에서 미시능력에 비하여 거시능력이 발달한 사람은 별로 많지 않다. 또한 어떤 사람들은 자신이 이해능력이 우수하다고 생각하지만, 이 부분도 이성적으로 상대방의 입장을 생각한 것을 자신은 감성적으로 느꼈다고 오해하는 경우가 많다.

■ 인지영역의 미시능력(Micro)과 실행영역의 계획능력(Plan)은 상호연관성과 영향력이 있으며, 동시에 개발이 가능하다. 즉 하나가 개발되면 관련된 영역의 역량도 같이 개발이 될 수 있다.

미시능력이 어떤 상황이나 자료에 대한 분석 이후에 방향에 맞게 목표를 수립하는 것이라면, 계획은 목표를 달성하기 위한 실행계획을 체계적으로 수립하는 것이기 때문에 두 개의 역량부분은 과업달성 추진과정에서 시간적으로 전후의 밀접한 관계에 있다. 따라서 하나가 개발이 되면 다른 영역도 어느 정도 같이 개발이 된다.

의사결정력, 기획력 등과 같은 역량은 역량의 정의와 행동지표를 어떻게 정하느냐에 따라서 미시능력(Micro)과 계획능력(Plan)에 겹치게 되는 부분이 있다.

■**실행영역의 추진능력**(Action)과 관계영역의 **관리능력**(Management)은 상호 연관성과 영향력이 있으며, 동시에 개발이 가능하다.

두 영역은 조직구성원들과 상호교류하는 면에서 공통점이 있으며 중복되는 역량이 많다. 부하육성을 어떤 전문가는 관계영역으로 보고 어떤 전문가는 실행영역으로 규정하기도 한다. 관리능력의 의사소통, 관계구축과 같이 사람들과 관계하고 관리하는 기술이 우수하면, 추진능력에서 리더로서 조직을 이끄는데 시너지 효과가 발생한다.

추진능력만 높으면 독단적인 리더일 가능성이 있어서 성과가 없거나 단기적인 성과창출에 그칠 가능성이 높고 조직을 이끄는데 어려움을 겪을 가능성이 높다. 반대로 관리능력만 높으면 조직의 분위기만 좋고 성과창출에 어려움이 나온다. 결국 두 부분이 같이 개발되어 높을 경우에만 장단기적으로 최고의 성과를 거둘 수 있다.

(2) 영역별 효과적인 개발 방법과 개발 가능성

6개 부분은 상대적으로 개발이 용이한 부분과 어려운 부분이 있으며, 또한 각 부분의 속성이 다르기 때문에 효과적인 개발방법도 다르다.

■각 부분의 개발 가능성은 어느 정도인가?
6개 부분에서 개발 가능성과 효과가 상대적으로 높은 부분은
첫 번째, 미시능력과 계획능력.
두 번째, 추진능력과 관리능력.
세 번째, 거시능력과 이해능력.

이와 같은 이유를 II장에서 설명한 빙산모델에 연관하여 설명을 하면, 미시능력과 계획능력은 상대적으로 지능 및 학습능력과 연관이 깊이 있으며, 빙산모델에서 수면의 위 부분과 수면 바로 아래 부분에 해당 된다. 따라서 다른 영역에 비하여 비교적 짧은 시간에 개발 가능성과 효과가 크다.

추진능력과 관리능력은 수면 아래 빙산의 중간 부분에 해당한다. 이 부분에 속하는 역량들은 개발방법을 이해하고 관련된 행동특성을

지속적으로 실천하고 습관화 하는 것이 중요하다.

거시능력과 이해능력은 수면 아래 빙산의 제일 밑 부분의 영향을 많이 받는다. 따라서 선천적인 영향이 상대적으로 큰 부분이기 때문에 평가와 개발이 상대적으로 가장 어렵다.

■ 각 영역의 효과적인 개발방법은 무엇인가?

6개 부분의 역량을 효과적으로 개발하는 방법은

첫 번째, 미시능력과 계획능력의 효과적인 개발방법은 교육과 훈련이고,

두 번째, 추진능력과 관리능력의 효과적인 개발방법은 코칭과 훈련이며,

세 번째, 거시능력과 이해능력의 효과적인 개발방법은 본인 스스로 느끼고 깨달아서 훈련하고 습관화 해야 한다.

미시능력과 계획능력은 컨설팅 기법, 성공사례 교육, 케이스 스터디 등을 통해서 성과관리 프로세스, 문제해결기법, 상황분석 방법론, 기획력 향상법, 사례연구 등을 학습하여 다양한 방법론을 이해한 후에 지속적으로 연습하고 평상시 업무에서 자주 활용해야 한다. 기업교육 커리큘럼에서도 이 부분과 관련된 내용의 교육훈련을 각 직급의 교육 과정에서 가장 많이 실행하고 있다. 이러한 방법론을 현업에서 자주

사용해야 하고 특히 상사나 멘토를 통하여 피드백을 받을 경우에 더 효과적으로 개발이 될 수 있다.

두 부분 중에서도 상대적으로 계획능력이 미시능력 보다 개발 가능성이 좀 더 높다고 볼 수 있다.

추진능력과 관리능력은 코칭스킬이나 커뮤니케이션스킬과 같이 이 두 개의 부분에 해당하는 기본적인 이론과 방법론을 이해하고 장기간 동안에 일상생활에서 지속적으로 실행해야 한다.

이 부분에 해당하는 역량들은 이론이나 방법론이 이해하기 어렵지는 않다. 다만 역량개발을 위하여 지금까지 하지 않았던 새로운 행동들을 업무과정이나 일상생활에서 지속적으로 실천하기가 매우 어렵다. 이 부분에 해당하는 역량들은 수개월 에서 수 년 동안 지속적으로 실천하고 습관화 해야 자연스럽게 개발이 된다. 이러한 이유는 오른손잡이가 양손을 자연스럽게 사용하려면 수년 동안 의도적으로 왼손을 자꾸 사용해야 가능한 것과 같은 이치라고 할 수 있겠다. 또한 이 과정에서 전문코치나 조직 내 동료와 상사의 피드백과 조언을 받으면 더 효과적으로 개발이 될 수 있다.

거시능력과 이해능력은 이론이나 방법론을 학습하고 이해한다고 개발할 수 있는 부분은 아니다. 종교나 철학을 통하여 인생의 이치와 의미를 깨닫듯이 사회현상과 사람에 대하여 깊이 있게 사색하고 스스로 깨달아야 어느 정도 가능하다고 볼 수 있다. 우리가 흔히 '정치9단' '내공이 깊다' 등과 같은 표현이 이 부분이 발달한 사람들을 언급할 때 사용하는 표현이라고 생각할 수 있다. 따라서 이 부분이 발달한 사람들의 사고력과 감각은 보통 사람들이 쉽게 이해하기 어려운 면도 있다.

스승, 멘토나 전문코치와 자주 대화하며 피드백을 받고, 스스로 이해하고 깨닫고 경험해야 개발이 가능한 부분이다.

사례 ④ (평가결과에 대한 영역별 수용도)

역량평가결과를 피드백 하면 대상자들이 평가결과에 대하여 인정하고 수용하는 정도가 영역별로 다르다

일반적으로 거시능력과 이해능력의 평가점수가 기대보다 낮게 나온 부분에 대하여 가장 인정하지 않는 경향이 많고, 미시능력과 계획능력이 낮게 나온 것에 대하여는 상대적으로 인정하는 경향이 높다. 추진능력과 관리능력에 대한 수용도는 사람에 따라 차이가 있지만 대체로 중간정도로 인정하는 경향이 있다.

미시능력과 계획능력은 평상시 업무에서 눈에 나타나고 객관적으로 이해할 수 있는 부분이기에 높고 낮은 것에 대하여 쉽게 인정하지만, 거시능력과 이해능력은 객관적으로 평가하기 힘들고, 또한 관찰하는 사람에 따라서 다르게 이해하거나 평가할 수 있기 때문에 상대적으로 평가결과를 인정하지 않

는 경우가 많다.

　　또한 필자의 경험에 따르면, 역량평가 결과보고서를 받고 처음에 약 70~80% 정도의 대상자들은 평가결과에 대하여 수긍하지 않는 경우를 볼 수 있다. 평가점수가 낮은 이유도 있지만 자신이 평상시에 생각하는 강약점 과 다르다고 말한다. 약 1시간 정도의 피드백과 코칭을 하고 나면 반대로 70~80% 정도의 대상자가 역량평가 결과를 수긍하고 20~30% 정도는 끝 까지 수긍하지 않는다. 이러한 과정에서 또다시 확인할 수 있는 것은 사람들 이 그만큼 자신의 특성과 역량에 대한 이해가 부족하다는 사실이다.

Chapter

04

임원급 리더에게
필요한
리더십 역량은
무엇인가?

12개 리더십 핵심역량

임원급 리더에게 필요한 리더십 역량은 무엇인가?

12개 리더십 핵심역량

역량사전(Competency Dictionary)에 대하여 이해하자

앞서 2장에서 언급한 것처럼 일반적으로 기업에서 역량모델링을 할 경우에 공통역량 · 리더십역량 · 직무역량으로 구분하여 활용한다고 하였다. 이 중에서 주로 공통역량 일부와 리더십역량에 해당하는 역량들의 행동 특성들을 구분하여 정리한 것을 일반적으로 역량사전(Competency Dictionary)이라고 부른다.

역량사전을 작성한다는 것은 구성원들이 특정 역량에 대하여 같은 의미로 역량을 이해할 수 있도록 그 개념을 명확하게 정리하는 것이다. 만일 역량사전이 작성되지 않는다면 동일한 용어나 같은 개념을 서로 다르게 해석하고 사용하는 문제가 발생하여 혼란을 일으킬 수 있다.

예를 들면, "의사소통능력"이라는 역량을 어떤 사람은 "자신의 생각이나 의견을 정리하여 논리적으로 상대방에게 설명하거나 발표하는 능력"이라고 정리할 수가 있고, 또 누군가는 "상대방의 의견을 경청하여 핵심과 의도를 파악하고 효과적인 질문을 통하여 서로간의 의견을 조율하는 능력"이라고 정리할 수도 있다. 용어는 같은 의사소통능력이지만, 전자는 표현을 강조하고 있고 후자는 경청과 질문을 강조하고 있다. 이런 경우에 역량에 대한 개념정의와 행동지표를 확인하지 않고 역량평가를 하면 매우 큰 점수 차이가 발생하여 신뢰도에 큰 문제가 발생할 수 있고, 구성원들도 역량개발 방법에 혼란을 겪게 될 것이다.

이와 반대로 비슷한 역량 정의를 다른 명칭으로 사용할 수도 있다. 예를 들면, 누구는 "전략적 사고"라는 역량에 대한 정의를 "다양한 각도에서 문제 상황을 이해하여 자료와 정보를 종합적으로 분석하고 문제의 핵심을 파악하여 대안을 수립하는 능력"으로 정리했지만, 또 다른 사람은 비슷한 정의를 "통합적 사고"라고 명칭을 정의할 수도 있다.

따라서 역량사전은 역량의 개념이나 행동지표에 대하여 혼선을 일으키지 않고 공통언어로 이해하고 활용하게 하는 실천 가이드라고 할 수 있다.

글로벌 컨설팅회사나 전문학자들이 정리한 역량사전을 살펴보면 일반적으로 역량을 20~25개 정도로 구분하고 있는데, 이렇게 정리된 역량사전의 내용은 인간의 행동을 설명하는데 있어서 빠지는 것이 없어야 하고, 또한 중복되는 것이 없어야 한다. 각 개별 역량은 일반적으로 역량에 대한 명칭, 정의, 행동지표, 레벨을 설명할 수 있어야 한다.

'정의' 는 해당 역량이 무엇인지에 대한 개념을 정의하는 것이고,

'행동지표' 는 어떤 구체적인 행동특성이 각 역량의 정의에 해당하는지를 서술한 것이고, '레벨' 은 행동지표의 고저_{高低}수준을 나타낸 것으로 일반적으로 1~5레벨로 구분하고 있다.

그리고 경우에 따라서는 각 역량에 하위요소를 추가하여 설명하거나, 레벨에 대한 구분 없이 행동지표만 나열하여 방법을 사용하기도 한다.

일반적으로 기업에서 사용하는 역량모델은 역량사전에 있는 역량 개념을 그대로 사용하기 보다는 기업의 문화와 특성 혹은 업무의 특성에 맞추어서 복합적인 개념으로 정의하여 사용하는 것이 일반적이다.

예를 들어, 기업의 역량모델링에 '종합적 사고력'·'비즈니스 통찰력' 이라고 하면, 이는 역량사전에서 분석적사고, 개념적사고, 창의적 사고 등을 응용하여 기업의 상황에 맞게 역량명과 내용을 정의하고 행동지표를 정리한 것이다.

다음은 독자들의 이해를 돕기 위하여 대표적인 몇 가지 역량사전의 내용과 글로벌 기업에서 사용하는 역량모델을 소개한다.

아래의 대표적인 역량사전에 대한 자료에서도 앞에 설명하는 3개의 역량사전은 우리가 자주 사용하지 않는 용어들이 일부 포함되어 있으며, 이러한 역량사전을 활용하여 GE, AT&T 같은 글로벌 기업의 역량모델은 우리가 자주 사용하는 용어들로 역량명칭을 정의하고 있는 것을 알 수 있다.

(1) Spenser & Spenser

① 리더십 : 멤버를 효과적으로 함께 일하도록 이끌고, 동기를 부여함.

② 강제력 : 행동기준을 설정하여 그 기준대로 행동하게 함.

③ 육성력 : 타인의 자질을 장기적으로 육성하려고 함.

④ 팀웍 : 다른 멤버를 평가하고, 조직의 원활한 운영을 촉진하려고 행동함.

⑤ 달성지향성 : 목표에 집착하여 그것을 달성하는 것이나, 그 때문에 계산된 리스크를 감수함.

⑥ 이니셔티브 : 장래의 니즈나 찬스를 미리 생각하여 선점하려는 행동.

⑦ 고객지향성 : 서비스를 받는 고객을 위해서 행동함.

⑧ 철저확인력 : 애매한 것을 줄이고, 세밀한 것에 주의를 기울여 계통화 함.

⑨ 유연성 : 상황에 따라서 현재의 업무수행 방법이나 방향성을 바꿈.

⑩ 분석적 사고 : 원인과 결과의 인과관계를 밝혀내어 대응책을 마련함.

⑪ 개념적 사고 : 패턴을 꿰뚫어 보고 생각을 서로 연결하여 새로운 시각을 만들어 냄.

⑫ 정보지향성 : 질적 · 양적인 면에서 집요하게 정보를 수집함.

⑬ 전문성 : 유용한 새로운 전문적 지식 · 스킬을 습득하고 비즈니스에 활용함.

⑭ 대인임팩트 : 논리적 · 감정적인 영향력을 의도적으로 활용하여 상대에게 영향을 미침.

⑮ 관계구축력 : 개인적인 신뢰관계를 쌓으려고 함.

⑯ 조직감각력 : 비공식적인 정치력, 조직구조, 풍토에 민감함.

⑰ 자신감 : 리스크가 높은 업무에 도전하거나, 권력 있는 사람에게 대항함.

⑱셀프컨트롤 : 스트레스 상황 가운데서도 감정적이지 않고 행동함.

⑲조직지향성 : 조직의 기준 · 니즈 · 목표를 이해하고 그것을 촉진하도록 행동함.

⑳대인이해력 : 말로 표현하지 않아도 상대의 생각이나 감정을 인

지함.

[출처 : 헤이컨설팅 그룹, 'High Performer 컴피턴시', 시그마인사이트, 2006]

(2) 김앤장 CTD High Performer Competency

[팀 · 조직 영역 – Working in Group]

① 조직협동력 Teamwork : 리더십 팀의 일원으로 리더들의 능력을 진심으로 인정하고, 소속된 팀 전체의 성공을 위해 자발적으로 협력해 팀웍을 만들어 내는 능력.

② 조직통합력 Team Leadership : 조직의 책임있는 리더가 되고자 하며, 구성원들에게 명확한 방향을 제시하고 조직내 역할을 정확히 인식시켜, 조직을 한 방향으로 통합시켜 내는 능력.

③ 부하육성력 Growing Others : 성장에 대한 진심어린 관심을 가지고 개인적인 시간과 노력을 투입해, 부하나 후배의 성장과 개발을 촉진시켜 더 빠르고 크게 육성시켜 내는 능력.

④ 실행지시력 Driving Others : 명확한 지시를 통해 업무가 제대로 실행되고, 상대가 높은 수준의 목표와 책임감을 가지고 일이 제대로 추진되도록 하는 능력.

⑤ 조직몰입력 Organizational Commitment : 조직을 위해 적극적으로 기여하려는 성향으로 조직의 기대나 우선순위에 맞게 행동하면서 조직을

우선시하고 조직을 대표해서 행동하는 능력.

⑥ 조직영향력 Organizational Impact : 조직 내 비공식적인 역학관계를 파악하고자 하며, 조직의 보이지 않는 규범이나 정치적 힘을 파악해 활용하는 능력.

[대인 · 관계 영역 – People · Relating]

① 대인이해력 Interpersonal Awareness : 상대의 생각, 감정을 정확히 이해하고자 하며, 표현되지 않은 상대의 기대, 걱정이나 성향 등을 공감적으로 반영해 정확하게 파악해 내는 능력.

② 설득영향력 Influencing Others : 상대에게 납득할 만한 근거를 제공하거나 다양한 방식으로 영향력을 행사해 자신의 생각과 의도대로 상대를 움직이는 능력.

③ 고객이해력 Customer Awareness : 고객의 니즈를 정확히 이해하고자 하며, 고객의 만족에 대해서 개인적인 책임감을 지고 고객을 최대한 만족시켜 내는 능력.

④ 관계구축력 Relationship Building : 미래에 도움될 만한 사람들과 친분관계를 형성 · 유지하고자 하며, 그들과 우호적인 관계를 형성하여 상호 신뢰할 만한 관계를 구축해 내는 능력.

⑤ 동기부여력 Motivating Others : 상대가 일에 몰입할 수 있는 조건이나 환경을 제공해, 자기능력을 최대한 발휘하도록 유도해내는 능력.

⑥ 의사소통력 Communication : 상대에게 전달하고자 하는 메시지를 정확하고 효과적인 방법으로 전달해 내는 능력.

[자기관리 영역 – Managing Self]

① 미래주도력 Future Initiative : 미래의 상황이나 기회를 예측하고자 하며, 예상되는 상황에 따라 통상적인 수준 이상으로 사전에 계획하여 대응해 내는 능력.

② 도전성취력 Achievement : 우수성과 품질에 대한 자기 기준이 있으며, 높은 목표를 지향하고 한계를 극복하는데 에너지를 집중해, 설정한 기준을 달성해 내는 능력.

③ 유연적응력 Adaptability&Flexibility : 환경 변화에 맞게 적응하려고 하며, 기존의 정해진 방식이나 습관을 변경해 변화의 요구 방향에 맞게 적응해 내는 능력.

④ 정직유지력 Honesty&Integrity : 자기 말이나 행동에 있어서 정직성과 일관성을 유지하고자 하며, 위협적 상황에서도 윤리적인 원칙과 기준을 보호해 내는 능력.

⑤ 자기절제력 Self-Discipline : 압박(반대 · 거절 · 실패)상황에서도 부정적 정서나 충동을 억제하여, 정서적 균형감을 잃지 않고 안정적이고 긍정적인 마인드를 유지해 내는 능력.

⑥ 자기확신력 Self-Confidence : 자기 자신의 경험, 능력에 대한 확신

을 표현하며, 비록 가능성이 적거나 힘들더라도 자신을 믿고 도전해
내는 능력.

[사고 영역 – Data · Thinking]

① 분석사고력 Analytical Thinking : 현상을 더 깊이 논리적으로 이해하
고자 하며, 다양하고 복잡한 인과관계를 파악해 내는 능력.

② 개념사고력 Conceptional Thinking : 현상들의 패턴이나 관련성을 파
악하고자 하며, 복잡한 상황에서 핵심을 관통하는 의미를 파악해 내는
능력.

③ 정보확보력 Information Gathering : 정보에 대한 호기심이 많고, 필요
한 정보를 더 많이 더 정확하게 심층적으로 파악해 내는 능력.

④ 철저확인력 Detail Monitoring : 가능한 불확실성을 제거하고자 하며,
자신이나 타인의 업무나 프로세스를 꼼꼼하게 모니터링해서 정확하게
진행되는지를 확인하는 능력.

⑤ 창의사고력 Out-of-Box Thinking : 기존과 다른 새로운 것을 시도해
보고자하며, 독창적인 방법과 대안을 발굴하고 도출해서 기존의 틀을
바꾸어내는 능력.

⑥ 의사결정력 Decision Making : 모호한 상황에서 주저하지 않고 의사
결정을 내려 조치를 취하고자 하며, 상황을 고려한 시의적절한 판단으
로, 책임있고 올바르게 결정해 내는 능력.

(3) 공무원 역량

① 윤리의식 : 대한민국 국민의 공복으로서 기본적으로 갖추어야할 윤리를 준수하고 이를 기준으로 행동하는 능력.

② 협조성 : 수행업무 성과·질을 높이기 위하여 최선을 다하여 필요한 자기학습을 위해 노력하는 능력.

③ 고객(수혜자)지향 : 업무와 관련된 내·외부의 대상 집단과 국민이 원하는 바를 이해하고, 업무수행 결과가 고객의 요구를 충족할 수 있도록 배려하는 태도와 능력.

④ 전문가 의식 : 수행업무 성과와 질을 높이고, 보다 높은 성과의 창출을 추구하며, 이를 위해 필요한 새로운 지식과 기술을 지속적으로 학습·활용하는 태도와 능력으로 성취지향성과 학습지향성을 포함하는 개념.

⑤ 경영 마인드 : 사업하는 경영자가 성과를 추구하듯이 정책의 결과로 발생하는 수익성을 극대화하기 위한 방법을 연구하고, 실제 업무 수행과정에서도 효과성과 효율성을 동시에 고려하는 능력.

⑥ 정보 수집·관리 : 담당 업무수행에 필요한 정보를 효과적으로 수집하고, 적시에 이를 활용할 수 있도록 분류·정리하는 능력.

⑦ 문제인식·이해 : 수집한 정보 및 연계를 통해 발생 또는 대비할 문제를 적시에 감지하고, 사안의 성격, 발생원인, 제약조건, 파급효과를 이해하여 문제의 핵심이 무엇인지를 규명하는 능력.

⑧ 자기 통제력 : 적절한 일정 계획과 건강관리 등을 통해 과도한 업무량, 고난과 외압, 스트레스 등의 중압감을 이겨내고 자신의 감정을 조절하여 업무의 중심을 잃지 않는 능력.

⑨ 의사소통 : 상대방의 상황 및 감정을 이해하고, 우호적인 분위기에서 자신이 의도한 바를 문장이나 언변 등으로 명확하게 이해시키는 능력.

⑩ 목표 · 방향제시 : 소속 부처의 정책 방향을 명확히 이해하고, 자신이 담당하는 조직의 업무 방향을 부처의 정책 방향과 연계시키고, 이를 부하직원이 수용할 수 있도록 적극적으로 전파하고 솔선하는 능력.

⑪ 적응력 : 고객 · 시장 · 기술의 변화를 이해하고, 사업 · 정책의 변화에 맞추어 기존의 관행과 행동 패턴을 신속하게 변화시킬 수 있는 능력.

⑫ 전략적 사고 : 장기적 · 통합적 관점에서 우선순위를 명확히 하고, 이를 통해 구체적인 사업목표를 수립해 자신이 담당하는 업무와 관련된 대안 구상과 실행 등을 부처의 전체 목표와 방향에 맞춰 생각하는 능력.

⑬ 지도 · 육성 : 부하직원이 현재와 미래 행정력 발전의 자산임을 인식해 적절한 도전 기회와 환경을 제공하고, 지속적인 관심과 조언을 통해 체계적으로 부하직원의 발전과 성장을 도모하는 능력.

⑭ 자원 · 조직관리 : 관장하는 업무를 통해 효율적 · 효과적인 성과

창출을 위해 경영수완을 발휘, 인적 · 물적 자원을 확보하고 관리하는 능력.

⑮ 정책집행관리 : 추진일정을 수립, 업무를 배분하여 일정대로 집행하고, 예기치 못한 위기 · 돌발상황 발생 시 대처하는 능력.

⑯ 정치적 기지 : 업무수행 시 단순히 업무효율이나 효과만을 고려하는 것이 아니라 영향을 미치는 이해관계, 즉 정치적 역학관계를 고려하여 해결책을 모색하고 해당 사업 혹은 정책에 필요한 자원 · 지지를 확보하는 능력.

⑰ 조직 통합력 : 다양한 부서 · 부처의 이해가 결집된 사안에 국가 · 부처 전체이익이라는 관점에서 판단하고 균형 잡힌 해결책을 제시하는 능력.

⑱ 협상력 : 대등한 혹은 불리한 입장에서도 사안의 조정 · 양보를 통해 합리적으로 합의점을 도출하여 상대방으로부터 동의 · 협력을 획득하는 능력.

[출처 : 행정안전부 〈과학적인 인사관리를 위한 역량평가 매뉴얼〉 2008]

다음은 위와 같은 역량사전을 이용하여 자기 조직의 문화와 특성을 고려하여 만든 글로벌 기업의 역량모델이다.

(4) AT&T의 리더십역량모델

① 방향수립 Establishes direction

② 전략적 사고 Thinks strategically

③ 임파워먼트 Empowerment others

④ 합의도출 Builds alignment

⑤ 동기부여 Enables individual · team effectiveness

⑥ 커뮤니케이션 Communicates others

⑦ 계획수립 Plans proactively

⑧ 실행력 Implements with excellence

⑨ 자기인식 Self-awarensee

⑩ 학습자세 Openness to learning

⑪ 기술적 · 기능적 스킬 Technical · Functional skill

(5) GE의 리더십역량모델

① 비전과 전략수립 Vision

② 고객지향성 및 품질마인드 Customer · Quality Focus

③ 정직성 · 도덕성 Integrity

④ 책임의식과 실행력 Accountability · Commitment

⑤ 효과적 커뮤니케이션 및 영향력 Communication · Influence

⑥ 정보공유 및 협조성 Shared Ownership · Boundaryless

⑦ 팀워크와 임파워먼트 Team Builder · Empowerment

⑧ 전문지식과 학습능력 Knowledge · Expertise

⑨ 혁신추구 및 신속성 Initiative · Speed

⑩ 글로벌 마인드 Global Mindest

임원에게 필요한 '12개 핵심역량'을 이해하자

임원과 팀장급 리더에게 요구되는 필수 역량

이 부분에서 설명하는 '12개 핵심역량'은 국내 대기업에서 임원/팀장급 리더에게 필요하다고 생각하고 주로 사용하는 역량 중에서 공통적으로 많이 사용하는 역량을 정리한 것이다. 일반 직장인들이 '12개 핵심역량'을 이해하고 개발하여 리더십을 발휘한다면, 어떤 기업에서도 임원이나 팀장의 직무를 수행하고 역량평가를 받는데 큰 어려움이 없을 것이다.

'12개 핵심역량'을 '역량의 3개 영역'을 중심으로 살펴보면

①인지영역(Thinking)에 관련된 역량은 사업통찰력, 전략적 사고, 자기확신, 의사결정이 있고,

②실행영역(Working)에 관련된 역량은 성과지향, 팀 리더십, 변화관리, 부하육성이 있고,

③관계영역(Relating)에 관련된 역량은 자기관리, 대인이해, 의사소통, 관계구축으로 구분하여 정리할 수 있다.

[인지영역(Thinking)과 관련된 영역의 역량을 종합적으로 살펴보면]
리더는 자신이 하는 사업에 대한 통찰력을 갖고, 전략적 관점에서 조직의 비전과 목표 및 추진방향을 설정하고, 목표가 반드시 달성될 수 있다는 신념과 달성할 수 있는 치밀한 계산을 갖고 명확한 의사결정을 해야 한다.

(1) 사업통찰력(Business Perspective)

■ 정의 : 업(業)의 특징과 사업의 속성을 이해하고 변화의 트렌드를 찾아서 새로운 사업기회를 포착할 뿐 아니라, 사업이 성장할 수 있는 핵심 요소를 찾아내고 이를 실제 사업화하는 능력.

■ 유사역량으로 사업감각, 비즈니스 통찰력을 들 수 있다.

■ 행동지표

– 사업의 매카니즘이 어떻게 작동되는지를 알고 있다.

– 자신의 사업과 조직에 영향을 미칠 수 있는 현재 및 미래 정책들과 관행, 기술과 정보들에 대해 많이 알고 있다.

– 경쟁기업의 상황과 시장의 변화 흐름을 파악하고 있다.

– 시장에서 전략과 전술이 어떻게 작동되는지를 인지하고 있다.

– 미래의 먹거리가 무엇인지를 파악하고 준비한다.

– 사업과 관련된 장기적인 변화나 상황을 예측하고 준비한다.

▤ 사업통찰력이 높으면, 기업이 어떤 사업을 왜 해야 하는지에 대한 개념과 방향이 명확해 진다. 작게는 내가 맡은 조직이 기업의 성장에 어떤 역할과 기여를 할 수 있는지를 정확히 파악한다. 현재의 사업 추진방향에 대한 이해 뿐 아니라 미래에 무엇을 어떻게 해야 하는지가 명확하여 장기적으로 지속적인 조직의 발전에 기여한다.

그러나, 다른 역량과 조화를 이루지 못하면, 사업과 관련된 이해관계자들에게 사업의 내용과 방향을 제대로 이해시키지 못하여 신상품 개발과 정책방향을 제대로 현실화 하지 못하고, 또한 적절하게 시기를 맞추지 못하면 조직의 전체 사업운영이 위험해질 수도 있다.

(2) 전략적 사고 (Strategic Thinking)

▤ 정의 : 조직의 장기적인 비전과 목표를 수립하고 조직 전반에 영향을 미치는 외부적 요인과 영향력을 파악하고, 목표를 효과적으로 달성하기 위하여 과업달성의 핵심요인과 장애요인을 분석하고 대안의 우선순위를 명확히 제시하는 능력.

▤ 유사한 역량으로 전략기획력, 사고기획력을 들 수 있다.

▤ 행동지표

– 조직의 비전과 미션 및 핵심가치를 이해하고 이에 맞게 목표와

계획을 수립한다.

- 겉으로 나타나지 않은 문제의 핵심원인을 찾아서 단계적이고 다양한 대안을 마련한다.

- 새로운 기회요인과 위험요인을 파악하고 이것이 자신의 부서나 조직에 미치는 영향을 예측하고 대비한다.

- 조직의 방향설정이나 의사결정을 할 때에 조직의 상위전략을 이해하고 반영한다.

- 상위조직과 하위조직의 실행전략의 차이를 찾아서 새로운 해결방안을 제시한다.

- 경쟁사 상황, 정책변화, 시장의 트렌드 등 외부환경의 변화요인을 모니터링하고 원인을 찾는다.

- 조직 내·외부 환경요인의 변화를 예측하고 이를 중장기 계획수립에 반영한다.

■ 전략적 사고능력이 높으면, 조직이 나아갈 방향과 현재 처한 어려운 문제의 해결방법을 구체적이고 명확하게 제시한다. 또한 현재 뿐 아니라 중장기적으로 조직과 개인이 준비하고 해야 할 일을 쉽게 이해할 수 있도록 제시한다.

그러나, 다른 역량과 조화를 이루지 못하여 관념론적으로 치우치게 되면, 현실성이 부족하여 구체적인 실행력이 떨어질 수가 있고, 구성원들이 제대로 이해하지 못할 경우에 혼란을 겪을 수가 있다.

(3) 자기확신 (Self-Confidence)

■ 정의 : 조직·개인 내외의 환경조건이 불확실한 상황에서 자신의 생각과 결정에 대한 확신을 갖고 타인에게 표현하고 설득하며, 달성 가능성이 적거나 힘들더라도 자신의 자질과 신념을 믿고 치밀하게 준비하여 도전하는 능력.

■ 유사역량으로 자신감, 위험감수를 들 수 있다.

■ 행동지표

– 자신의 전공이나 경험한 분야에 대해서 자신감을 갖는다.

– 자신이 경험한 분야와 관련된 분야에서 발생한 문제를 해결할 수 있다고 자신감을 갖고 이를 표현한다.

– 주어진 과업을 해결하는데 있어서 자신이 다른 사람보다 우수하다고 생각하고 이를 주변사람들에게 표현한다.

– 자신이 생각한 해결방식이 맞다고 생각하고 구체적으로 제시한다.

– 상사나 전문가의 반대가 있더라도 자신이 생각하는 해법을 자신 있게 설명하고 추진한다.

– 과거에 경험하지 않은 일이나 자신의 능력을 초과하는 일에 대해서도 자신 있게 도전한다.

– 실패 가능성이 높은 과제에 대하여, 치밀한 계산 하에 자신은 할 수 있다는 믿음을 갖고 도전한다.

■ 자기확신이 높으면, 문제를 해결할 수 있다는 자신감과 긍정적 마인드를 갖고 과업달성 가능성을 높일 수가 있다. 또한 치밀한 계산 아래 나오는 자기확신은 어려운 상황에서도 구성원들에게 문제해결과 과업달성에 대한 믿음과 자신감을 불러 넣어줄 수가 있다.

그러나, 다른 역량과 조화를 이루지 못하여 근거 없는 자기확신이 될 경우에는 오히려 실패확률이 높은 문제상황을 발생시키고, 주변사람들에게도 신뢰를 상실하고 허풍쟁이로 비쳐질 수가 있다.

(4) 의사결정 (Decision Making)

■ 정의 : 합리적이고 적절한 판단력과 책임감을 갖고 올바른 결정을 하며, 정보와 자료가 부족하거나 불확실한 상황에서도 주저하지 않고 의사결정을 내리고 후속조치를 취하는 능력.

■ 유사역량으로 결단력, 합리적 결정력을 들 수 있다.

■ 행동지표

- 예상하지 못한 장애가 발생할 경우에 주저하지 않고 상황을 판단한 후에 즉각적으로 대응조치를 취한다.

- 의사결정 단계나 절차를 최대한 간소화 하고 신속한 대응조치를 취할 수 있도록 노력한다.

- 정보와 자료가 조금 부족하더라도 의사결정에 따른 이익과 손실을 독자적으로 판단하고 결정한다.

－ 필요 조치를 취하지 않을 경우에 발생할 위험이나 파급효과를 고려하여 시의적절한 결정을 내린다.

－ 상사나 담당자가 부재중인 위급한 상황에서 자기 책임이 아니더라도 적극적으로 개입해 의사결정을 도와준다.

－ 자신에게 큰 위험이 있더라도 어렵지만 결정적인 판단을 하고 조치한다.

■ 의사결정이 높으면, 합리적이고 신속한 조치를 취하여 이해관계자들과 협력과 공동작업이 원활하게 이루어질 가능성이 높고, 또한 조직구성원들이 주어진 시간 내에 과업을 완수할 수 있도록 도와준다.

그러나 다른 역량과 조화를 이루지 못하고 근거 없이 무모한 결단을 내리면 과업을 망쳐서 안한 것만도 못한 결과를 발생시킬 가능성이 높으며, 부하직원들은 리더에게 신뢰를 상실하고 항상 리더의 결정사항을 실행하는데 있어서 불안감을 갖게 된다.

[실행영역(Working)과 관련된 영역의 역량을 종합적으로 살펴보면]
리더는 과업달성에 대한 의지와 열정을 갖고 업무를 수행하며, 구성원들이 한 방향으로 움직일 수 있도록 명확하게 역할과 책임을 부여하고, 필요시에는 변화와 혁신을 주도하여 반드시 과업을 달성하고, 인재육성에 노력하여 중장기적으로 개인과 조직의 성장을 이루어야 한다.

(5) 성과지향 (Achievement)

■ 정의 : 업무수행과정에서 어떠한 어려움과 난관이 있더라도 주어진 목표는 반드시 달성하려는 의지와 도전정신이 강하고, 나아가 한계를 극복하고 더 높은 성과를 달성하기 위하여 끊임 없이 노력하는 능력.

■ 유사역량으로 결과지향, 도전성취를 들 수 있다.

■ 행동지표

- 주어진 목표를 반드시 달성하겠다는 의지를 적극적으로 표현한다.

- 과정보다 결과를 중시하고 목표달성을 위하여 진척도를 확인하고 다양한 방법으로 구성원들을 독려한다.

- 도전적인 목표를 설정하고 이를 달성하기 위한 구체적인 계획을 수립하고 추진한다.

- 능동적으로 스스로 목표를 설정하고 현재 수준을 모니터링 하여 개선점을 찾는다.

- 도전적인 목표달성을 위하여 지금까지 방식과 다른 방법을 고민하고 필요한 자원을 확보한다.

- 지금까지 스스로 혹은 주변에서 불가능하거나 한계라고 생각했던 목표에 새롭게 도전한다.

■ 성과지향이 높으면, 어떤 조건 하에서도 주어진 목표를 달성하

는 능력이 우수하다. 기업의 존재 목적이 성장과 이익창출이라고 볼 때 성과지향은 조직의 모든 구성원들에게 기본적으로 필요한 역량이다. 또한 새로운 도전을 통하여 지속적인 조직의 발전을 가져온다.

그러나, 다른 역량과 조화를 이루지 못하고 성과지향만 높으면, 정량적인 면에만 집중하여 질적인 면을 간과할 가능성이 있고, 결과에만 집중하여 투자된 자원을 간과하거나, 타인의 의견이나 입장을 무시하여 구성원들의 신뢰를 얻기 어려워질 수 있다.

(6) 팀리더십 (Team Leadership)

■ 정의 : 구성원들에게 조직의 비전과 나아갈 방향을 명확하게 제시하고 각자의 역할을 정확히 인식시켜 조직이 한 방향으로 움직일 수 있도록 이끄는 능력.

■ 유사역량으로 조직통합력, 비전제시를 들 수 있다.

■ 행동지표

– 구성원들에게 정보를 공유하고 조직이 나아갈 방향을 제시한다.

– 중요한 결정사항과 추진방향에 대하여 이유와 배경 등을 설명하여 동의를 구하고 추진한다.

– 구성원들과 조직의 특성과 수준을 파악하여 효과적인 운영방법을 제시한다.

– 조직의 비전과 개인의 비전이 어떻게 연결되는지를 명확히 인식

시킨다.

　－ 리더로서 조직의 비전과 목표달성에 필요한 인적·물적 자원을 확보한다.

　－ 조직 구성원들이 조직에 자부심과 자긍심을 갖도록 분위기를 조성한다.

　－ 방향과 역할을 명확하게 하여 어떠한 상황에서도 목표달성에 대한 구성원들의 믿음과 신뢰를 확보한다.

　■ 팀리더십이 높으면, 구성원들이 수월하고 효율적으로 업무를 수행할 수가 있다. 구성원들에게 조직을 위해서 각자가 무엇을 어떻게 해야 할 지를 명확하게 제시하기 때문에 조직은 개인들 각자 역량의 합계 보다도 시너지효과가 발생하여 더 큰 성과를 달성할 수 있다.

　그러나 다른 역량과 조화를 이루지 못하면, 조직만을 너무 강조하여 개인의 존재감이 상대적으로 떨어질 수가 있다. 또한 팀리더십을 제대로 발휘하려면 조직의 특성과 구성원들의 특성을 파악하는 것이 기본조건이다.

(7) 변화주도 (Driving Change)

　■ 정의 : 조직 내외부의 환경변화에 맞춰 조직의 변화가 필요한 상황에서 기존의 제도, 프로세스, 관행, 구성원들의 인식 등을 경영층이 기대하는 방향에 맞게 빠르고 유연하게 전환시키고 실행하는 능력.

■ 유사역량으로 변화관리를 들 수 있다.

■ 행동지표

- 조직의 변화 필요성을 인식하고 변화에 적응하지 못하여 실패한 사례를 다른 사람에게 전파한다.

- 주변의 일상 업무에서 변화와 개선이 필요한 제도, 프로세스, 문화 등을 수집한다.

- 불편하고 힘들더라도 기존의 사고·행동방식을 고수하지 않고 새로운 방안을 찾고자 노력한다.

- 변화할 경우의 이익과 변화하지 않은 경우의 불이익을 명확히 제시한다.

- 변화해야 할 방향과 구체적인 프로세스를 구성원들에게 명확히 제시하고 실행한다.

- 조직 구성원들에게 미래에 대한 위기감을 조성하고 변화를 구체적이고 지속적으로 독려한다.

- 미래의 이익을 위하여 구성원들 사이에 장기간에 걸쳐 형성된 인식·문화나 관행에 대하여 구성원 스스로 변화방법을 찾도록 이끈다.

■ 변화주도가 높으면, 조직은 장기적으로 지속적인 성장을 가져올 수 있고 구성원들도 개인적으로 역량이 개발될 수 있다. 또한 단기적으로 제도와 프로세스의 개선을 통하여 경영성과를 효율적으로 높일 수가 있다.

그러나, 변화주도가 다른 역량과 조화를 이루지 못하면, 소위 '개혁 피로증'이라는 단어처럼 조직이 안정을 찾지 못할 수 있고 구성원들은 항상 불안하고 피곤함을 느끼게 된다. 또한 변화의 방향이 올바르지 않거나 구성원들의 공감을 얻지 못하면 조직 분위기는 침체되고 분열될 가능성이 있다.

(8) 부하육성 (Growing Others)

▨ 정의 : 부하나 타인의 성장에 관심과 도와주려는 의지가 많으며, 시간과 노력을 별도로 투자하고 다양한 방법으로 그들의 성장과 개발을 효과적으로 도와주는 능력.

▨ 유사역량으로 코칭, 인재육성을 들 수 있다.

▨ 행동지표

– 문제해결에 도움이 되도록 구체적인 설명과 시범을 보여준다.

– 자신이나 주변의 성공·실패사례를 설명하면서 부하직원이 역량개발에 노력할 것을 강조한다.

– 부하직원의 올바른 자세와 행동에 적절한 칭찬과 격려를 한다.

– 부하직원에게 교육과 훈련기회가 제공될 경우에 업무에 다소 지장이 있더라도 적극적으로 지원한다.

– 약간 도전적인 과제를 부여하고 해결책을 찾도록 하여 새로운 경험의 기회를 제공한다.

－ 부하직원의 육성계획을 수립하고 일상 업무에서 나타나는 행동을 관찰하면서 정기적으로 피드백을 한다.

  － 부하직원의 특징과 강약점을 파악하여 개개인에 맞게 피드백과 코칭을 정기적으로 진행한다.

  ▪ 부하육성이 높으면, 인적자원의 역량이 강화되고 새로 배치된 사원이 빠르게 업무에 정착을 하게 된다. 상사와 부하직원 간의 신뢰도가 증가하고 구성원의 조직만족도 높아지고 안정된 조직을 유지하며 장기적인 성과를 창출할 수 있다.

  그러나 다른 역량과 조화를 이루지 못하고 구성원의 육성에만 집중하면 단기적인 성과가 기대에 미달하고 구성원들의 목표달성 의식이 부족해질 가능성이 있고, 또한 회사의 교육체계가 제대로 정착되어 있지 않으면 효과는 감소한다.

  [관계영역(Relating)과 관련된 영역의 역량을 종합적으로 살펴보면]
  리더는 자신의 특징과 장단점, 감정을 정확히 이해하고 스스로 통제해야 하며, 상대방의 입장을 이해하고 공감하면서, 인간적으로 주변 사람들과 우호적인 인간관계를 맺고 활용해야 한다. 또한 이러한 상호교류과정이 효과적으로 이루어지도록 의사소통 능력을 갖추어야 한다.

(9) 자기관리 (Self Management)

■ 정의 : 자신의 특성과 감정 상태를 정확하게 인식하고 있으며, 심리적으로 압박을 받는 상황에서도 정서적 균형감을 잃지 않고 안정적이고 긍정적인 마인드를 유지하고 행동하는 능력.

■ 유사역량으로 감정관리, 정서관리를 들 수 있다.

■ 행동지표

- 자신의 의견에 대한 반대나 거절에도 흥분하지 않고, 충동적인 행동을 자제한다.

- 자신의 스트레스나 압박감을 타인에게 전달하지 않는다.

- 급박하거나 혼란스러운 상황에서도 객관적인 입장을 유지하며, 합리적인 판단을 한다.

- 압박을 받거나 실패를 겪는 상황에서도 흔들리지 않고 평상시와 같이 행동한다.

- 자신만의 스트레스 관리법을 갖고 있으며, 어떠한 상황에서도 마음을 관리하고 행동을 조절한다.

- 개인과 조직이 어려운 상황에서도 긍정적 마인드로 상황을 극복한다.

- 심각한 외상적 수준의 고통과 실패의 경험을 극복하고 높은 수준의 마인드컨트롤을 내재화 한다

■ 자기관리가 높으면, 어떠한 상황에서도 평정심을 유지하고 올바

른 자세로 조직을 이끌며, 특히 위기상황에서도 합리적인 의사결정을 하여 조직의 안정성이 높고 조직차원의 위기대처능력이 향상된다.

자기관리능력이 효과적으로 발휘되기 위해서는 자기인식과 조직에 대한 이해가 필수적인 조건이다. 두 가지 능력이 부족한 상황에서 자기관리만 높으면, 리더 혼자만 평정심을 찾고 편안할 뿐 구성원들과 다른 생각을 하거나 조직내 문제에 대하여 '갈등회피'가 나타날 가능성이 있다.

(10) 대인이해 (Interpersonal Awareness)

■ 정의 : 상대방의 생각 · 감정 · 의도를 정확히 이해하며, 겉으로 나타나지 않는 상대의 성향이나 특징을 정확하게 파악하여 상대방 입장을 이해하고 공감하는 능력.

■ 유사역량으로 공감능력, 대인감수성을 들 수 있다.

■ 행동지표

– 상대가 주장하는 의견의 핵심과 의도를 정확히 파악한다.

– 상대의 비언어적 표현과 행동의 의미를 정확히 이해한다.

– 상대의 성향과 특질을 파악하고 이에 맞추어 대응한다.

– 질문과 대화를 통하여 상대방의 입장을 이해하고 어려움에 공감한다.

– 부하직원들이 처한 어려움을 먼저 표현하지 않더라도 그들의 입

장을 이해하고 해결방법을 찾는다.

  – 상대방의 주장이 나오게 된 원인과 배경을 이해하고 해결방안을 찾는다.

  – 상대가 겉으로 표현하지 않는 내면의 감정과 의도를 파악하고 같이 문제를 해결한다.

  ▨ 대인이해가 높으면, 기본적으로 그 누구와도 원만한 관계를 유지할 수 있다. 고객관리와 서비스 향상, 구성원들에 대한 이해와 관리 및 조직 활성화 등 주변의 이해관계자들을 대상으로 혹은 같이 하는 업무에서 큰 성과를 거둘 가능성이 높다.

  그러나 다른 역량과 조화를 이루지 못하고 대인이해만 높으면, 원만한 관계만 유지하고 눈에 나타나는 성과를 거두지 못할 수도 있다. 대인이해가 효과적으로 발휘되기 위해서는 자기인식이 기본이고 인간관계를 관리하는 기술을 개발해야 한다.

(11) 관계구축 (Relation Building)

  ▨ 정의 : 현재와 미래에 자신에게 도움이 될 수 있는 사람들을 파악하여 친분관계를 형성하고 유지하려고 노력하며, 그들과 우호적인 관계를 형성하여 상호 신뢰할 만한 관계를 구축하고 활용하는 능력

  ▨ 유사역량으로 친화력, 네트워킹을 들 수 있다.

  ▨ 행동지표

- 동문회, 동호회, 서클 등 친목모임을 통하여 정기적인 만남을 유지 한다.

- 상호간에 공통된 주제를 통하여 공감대를 형성하고 업무적인 정보와 안부 등을 교류하는 관계를 형성한다.

- 사적인 친목모임이나 공적인 모임에서 일정 역할을 자발적으로 담당하면서 회원 서로가 이익이 될 수 있는 사안을 찾고자 노력한다.

- 업무 외에 개인적인 만남과 부탁 등을 통하여 우호적 관계를 유지 한다.

- 도움이 될 수 있는 사람의 정보를 수집하고 서로가 도움이 될 수 있는 방안들을 찾는다.

- 서로가 격식을 갖추지 않고 만날 수 있으며, 어려움을 공유할 수 있는 관계를 형성한다.

- 서로가 상대에게 도움을 주기 위하여 자신의 중대한 이익을 포기할 수 있는 관계를 형성한다.

■ 관계구축이 높으면, 주변에 도움을 받을 수 있는 사람들이 많아서 정보수집이나 자원동원과 문제해결 등에서 기대 이상의 성과를 거둘 가능성이 있다. 또한 조직내 문제를 해결하는 과정에서도 외부의 도움을 받아서 문제를 해결할 가능성이 높아진다.

그러나 다른 역량과 조화를 이루지 못하고 관계구축만 높으면, 주변에 아는 사람은 많지만 이것이 성과와 연결되지 않을 수가 있으며,

또한 진정성이 없이 관계구축만 높으며 기대하는 효과가 감소하거나 역효과가 발생할 수도 있다.

(12) 의사소통 (Communication)

■ 정의 : 상대방이 주장하는 의견의 핵심내용 뿐 아니라 감정과 의도를 정확하게 이해하고, 상대방에게 전달하고자 하는 정보와 메시지를 정확하고 효과적인 방법으로 표현하는 능력.

■ 유사역량으로 의사전달, 커뮤니케이션을 들 수 있다.

■ 행동지표

– 자기 의견의 핵심을 짧고 명료하게 전달하며, 상황에 맞추어 비언어적 커뮤니케이션을 활용한다.

– 자신의 의견을 정확하게 전달하기 위하여 근거 자료를 제시하고 필요할 경우에 추가설명과 보완자료를 제공한다.

– 대화하는 상대의 의견을 경청하고 효과적으로 질문한다.

– 상대 의견에 공감하며 대화하고 서로 정확히 이해하였는지를 확인 한다.

– 다수의 사람이 대화의 대상인 경우에 모든 대상자들이 동일하게 이해했는지를 확인한다.

– 상대의 특징과 이해도 수준에 맞추어 전달내용과 방법을 조절한다.

– 상대의 특성에 따라 커뮤니케이션의 다양한 도구와 효과성을 이해하고 활용한다.

▨ 의사소통이 높으면, 구성원들과 정보와 역할을 정확하게 이해하고 공유하여 효과적으로 과업이 진행될 가능성이 높으며, 서로 간에 다른 의견과 입장을 정확히 이해하여 오해가 발생할 소지를 없애고 개인·부서간에 협력관계를 높일 수 있다.

그러나, 다른 역량과 조화를 이루지 못하고 진정성 없이 의사소통과 관련된 스킬만 높으면 주변사람들에게 진정한 신뢰를 받지 못할 수도 있다.

맥킨지 컨설팅사의 자료에 따르면, CEO는 하루 일과에서 66%가 의사소통에 할애한다는 분석이 있는데, 의사소통은 다양한 스킬과 진정성이 반드시 수반되어야 기대하는 효과를 얻을 수 있다.

'12개 핵심역량' 자가진단

국내 기업의 임원·팀장급 리더에게 필요한 '12개 핵심역량'을 이해하였으면, 이제 각 역량에 대한 자신의 역량수준을 살펴보도록 하자.

여러 차례 언급한 것처럼 자기가 자신을 정확하게 파악하고 평가하는 것은 매우 어려운 일이다. 아래의 진단표를 먼저 자신이 체크하여 보고, 제3자가 자기에 대한 평가를 같이 하여 결과표를 비교해 본다면 좀 더 의미 있는 평가결과를 얻을 수 있을 것이다.

36개의 개별문항을 읽고 너무 깊이 생각하지 않기를 권한다. 또한 자기가 옳다고 생각하거나 희망하는 것이 아니라, 의도와 상관없이 평상시 하는 행동을 체크하기 바란다.

＊먼저 각 문항을 체크하기 전에 자기가 생각하는 12개 역량 중에서 강점 역량과 약점 역량을 각 3개 씩 체크하기를 바란다. 그리고 전체 문항을 푼 다음에 평가결과와 비교하기 바란다.

또한 '3개 영역'의 순서를 미리 체크하고, 이것도 평가결과와 비교하기를 바란다.

각 문항을 읽고 자신의 평상시 행동에 해당하는 점수를 각 문항에 체크하시오.

12개 핵심 자가 진단표

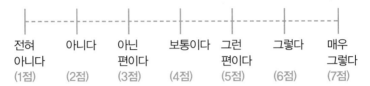

| 전혀
아니다
(1점) | 아니다
(2점) | 아닌
편이다
(3점) | 보통이다
(4점) | 그런
편이다
(5점) | 그렇다
(6점) | 매우
그렇다
(7점) |

(1) 나는 고등학교·대학교 동창회에 적극적으로 참석하며, 동호회 등 사회생활에서 만난 사람들과 친목모임에 정기적으로 참석한다.(   )

(2) 나는 항상 목표를 다른 사람들 보다 조금 높여 설정하는 편이다.(   )

(3) 나는 계획을 수립할 때, 항상 목표 뿐 아니라 회사의 비전과 미션을 고려하여 계획을 수립한다.(   )

(4) 나는 10년 후 회사의 주력상품과 구체적인 사업방향에 항상 관심을 갖고 있다.(   )

(5) 나는 대화할 때 말하기 보다는 듣는 편이며, 궁금한 사항은 반드시 질문하여 정확히 이해한다.(   )

(6) 나는 내가 속한 부서의 사람들이 개인 보다 조직을 위해 협력할 수 있는 분위기가 조성 되도록 노력한다.(   )

(7) 나는 스트레스를 관리하는 나만의 방법이 있다.(   )

(8) 내가 하고 싶은 일은 의지를 갖고 도전하면 반드시 할 수 있다고 생각한다.(   )

(9) 나는 일상업무에서 불필요한 형식이나 절차가 있으며, 이를 개선할 것을 적극적으로 건의한다.(   )

(10) 나는 의사결정을 내리기 전에 반드시 이익과 불이익을 분석하고 판단한다.(   )

(11) 나는 부하직원이나 후배가 조직생활에 어려움을 겪고 있으며, 개인적으로 시간과 노력이 들더라도 도와준다.(   )

(12) 상대방과 대화를 할 때, 사소한 이야기도 경청을 하면서 상대의 진심과 의도를 파악하려고 노력한다.(   )

(13) 나는 우리 회사의 핵심역량이 무엇인지를 정확히 알고 있다.(   )

(14) 나는 다소 복잡하고 내용이 길더라도 핵심만을 요약하여 짧게 전달하는 편이다.(   )

(15) 나는 업무를 추진하는 과정에서 동료들에게 조금 피해가 있더라도 목표를 달성하기 위하여 실행을 강행한다.(   )

(16) 우리 회사가 성장하기 위하여 바꾸어야 할 관행 · 규정이 무엇인지를 알고 있으며, 이를 추진하는데 어려움이 무엇인지 정확히 알고 있다.(   )

(17) 나는 항상 조직의 강약점과 기회 · 위협요인을 파악하여 분석한 후에 새로운 계획을 수립하는 습관이 있다.(   )

(18) 나는 항상 어떤 상황에서도 평정심을 유지하며, 충동적인 행동을 하지 않는다.(   )

(19) 나는 한 번 경험한 일을 다시 할 경우에 실수나 실패를 하지 않는다.(   )

(20) 나는 주변사람들이 신상과 정보를 수집하면, 메모하고 정리하여 인맥관리에 이용하는 습관이 있다.(   )

(21) 여러 가지 대안을 준비할 때, 우선순위를 고려하여 대안을 제시한다.(   )

(22) 나는 시간이 촉박하면 일단 급한 조치를 우선 취하고, 곧바로 후속 조치를 단계적으로 준비한다.(   )

(23) 나는 내가 소속된 조직이(동호회 등 개인 모임 포함) 발전할 수 있는 방안에 대하여 고민하고 적극적으로 방향을 제시한다.(   )

(24) 나는 회사 동료가 굳이 이야기를 하지 않아도 그가 겪고 있는 어려운 입장을 잘 알고 있다.(   )

(25) 부하직원이나 후배가 열심히 일을 하면 결과와 상관없이 진정한 마음으로 격려와 칭찬을 한다.(   )

(26) 나는 경쟁기업의 강점이 무엇이고 현재 어떤 변화를 하려는가를 알고 있다.(   )

(27) 목표달성을 위하여 새로운 방법을 고민하고 필요한 자원을 확보하기 위하여 다양한 노력을 한다.(   )

(28) 나는 시간관리가 철저한 편이며, 항상 체계적이고 계획적으로 일을 한다.(   )

(29) 나는 경청과 질문을 효과적으로 사용하는 방법을 알고 있으며, 평상시에도 습관적으로 사용한다.(   )

(30) 나와 직접 관련이 없는 일에도 진행이 지지부진하여 업무에 지장이 있으면 적극 개입하는 편이다.(   )

(31) 부하직원이나 후배가 장기간 교육을 가면 부서업무에 상당히 지장이 있더라도 개인의 미래를 위해서 가야한다고 생각한다.(   )

(32) 많은 사람들이 달성하지 못하거나 어려워하는 일을 나는 성공할 수 있다는 생각으로 도전하는 편이다.(   )

(33) 나는 주변사람들에게 도와줄 것이 있으면, 개인적으로 다소 손해를 보더라도 도와주는 편이다.(   )

(34) 회사의 제도·규정이 바뀌면 내가 조금 손해를 보더라도 장기적인 발전을 위하여 제도와 규정을 바꾸는데 찬성한다.(   )

(35) 나는 조직활동에 소극적인 구성원에게 적극적으로 참여할 것을 독려하고 내가 할 수 있는 방안이 있으면 지원한다.(   )

(36) 사람들의 다양한 성향과 행동특성을 잘 이해하고 있으며, 상대방의 특성에 맞추어 대응한다.(   )

[표3] 6개 부분 역량의 불균형에 따른 리더의 유형

구 분	역량명	해당문항	문항합계점수	총 합계점수
인지영역	사업통찰력	4, 13, 26		
	전략적사고	3, 17, 21		
	자기확신	8, 19, 32		
	의사결정	10, 22, 30		
실행영역	성과지향	2, 15, 27		
	팀리더십	6, 23, 35		
	변화주도	9, 16, 34		
	부하육성	11, 25, 31		
관계영역	자기관리	7, 18, 28		
	대인이해	12, 24, 36		
	관계구축	1, 20, 33		
	의사소통	5, 14, 29		

*자가진단이기 때문에 총 점수나 평균점수는 별로 중요하지 않다. 어느 영역의 역량이 높고 낮은가를 찾는 것이 중요하다. 또한 사전에 체크한 역량의 순서와 진단결과에 차이가 있는지를 파악하는 것이 중요하다.

'12개 핵심역량' 외에 자주 활용하는 역량은 어떤 것인가?

공통역량, 고급관리자 리더십역량, 초 · 중급관리자 리더십역량

'12개 핵심역량' 외에 주요기업의 역량모델링에서 자주 사용하는 역량들을 직급별로 정리하였다. 공통역량은 임직원 모두에게 주로 요구하는 역량이다. 일반적으로 고급관리자에게 인지영역과 관련된 역량을 상대적으로 더 많이 요구하고 있으며, 초 · 중급관리자에게 실행영역과 관계영역과 관련된 역량을 더 많이 요구하는 편이다. 그러나 꼭 아래와 같이 구분되어 있는 것은 아니며, 기업의 규모나 업(業)의 특성에 따라서 다르게 구성될 수 있다.

[표3] 6개 부분 역량의 불균형에 따른 리더의 유형

구 분	역 량 명 칭
공통역량	창의력(창조성)
	윤리의식(정직성)
	실행력(추진력)
	협력/협업
	열정
	글로벌 마인드
고급관리자 리더십 역량	혁신적 사고
	미래 주도력
	위기관리
	조정/통합
초급관리자 리더십 역량	문제해결
	팀 워크
	협상력
	동기부여
	설득력
	갈등관리

Chapter

05

어떻게 역량을
효과적으로
개발할 수 있는가?

Chapter
05
어떻게 역량을 효과적으로
개발할 수 있는가?

자기인식(Self-Awareness)만 정확히 하면
절반은 성공한 것이다.

인성을 파악하고 역량과 연결해서 개발해야 효과적이다

사례 ①

필자는 수 년전에 색조화장품을 생산하는 A기업을 컨설팅 할 때 영업을 담당하는 K과장을 만났다. A기업은 색조화장품을 생산하여 백화점에서 판매하고 있었으며, 직원 수는 본사에 30명 정도이고 백화점 매장에는 60명 정도의 판매사원이 근무하는 작은 기업이었다. K과장은 메이크업 아티스트로서 백화점에서 매장영업을 하다가 본사에서 백화점 영업을 담당하는 30대 중반의 미혼남자였다.

직원들의 이력서를 검토하다가 필자는 K과장의 이력서를 보고 깜짝 놀랐다. 서울에 소재한 D외국어고등학교를 졸업하고 지방에 소재한 대학의 농학

과를 졸업한 것인데, 처음 들어보는 대학이었다.

필자는 며칠 후 K과장과 식사를 하면서 자세한 이야기를 들었다.

필자 : K과장님, 이력서를 보니 이해가 잘 안되는데, 경력을 간단히 얘기하여 줄 수 있나요?

K과장 : 중학교 시절에 대치동에 살면서 학교 성적은 전교에서 최상위권을 유지하고 부모님 말씀을 잘 따르는 전형적인 모범생이었습니다. 그리고 부모님의 뜻을 따라서 외국어고등학교에 무난히 입학하고 1학년 때는 중상위권의 성적을 유지하였지요.

필자 : D외고에서 중상위권이면 SKY대학은 무난히 갈 수 있었을 텐데, 지방대학의 농학과를 졸업하고 지금 메이크업을 하고 있다는 것이 이해가 안되네요.

K과장 : 고등학교 1학년까지는 공부 밖에 모르는 학생이었습니다. 겨울방학 때 이발하러 미용실에 갔다가 미용과 관련된 잡지를 우연히 보았는데, 잡지를 보면서 저는 큰 충격을 받았습니다. 평상시 학교공부 이외에 미술을 좋아하는 편이었는데, 메이크업에 관계된 기사를 보는 순간 너무나 아름답고 신비로웠으며, 이 분야가 내가 가야할 길이라는 생각이 들었지요.

필자 : ······그래서요!

K과장 : 그 날 이후에는 눈에 메이크업 잡지가 아른 거리고, 밤에는 잠을 이룰 수가 없었습니다. 너무나 메이크업을 하고 싶어서 부모님을 속이고 수학학원을 빠지고 메이크업 학원에 다녔지요. 학교성적은 점점 떨어지고 결국은 부모님과 선생님도 아시게 되었지만, 메이크업을 하고 싶은 제 마음과 의지는 꺾이지 않았습니다.

필자 : 주변에 상의를 한 사람은 있었나요?

K과장 : 네, 아는 선배에게 상의를 했더니, "사람은 자기가 하고 싶은 것을 해야 한다"며 메이크업을 하라고 적극적으로 격려하였습니다. 저도 그 말에 어떠한 난관이 있더라도 우리나라에서 제일가는 메이크업 아티스트가 되겠다고 마음을 먹었습니다. 결국 고등학교 성적은 최하위권이 되었고 아무 대학이나 입학하고 부모님의 반강제적인 권유로 입학 후에 군대를 갔습니다. 군대를 제대한 후에 대학공부는 뒤로하고 계속 메이크업 학원을 다니며 자격증을 취득했고, 이 분야에 들어오게 되었습니다. 부모님도 그 때는 포기를 하시더군요.

필자 : 지금의 심정은 어떤가요?

K과장 : 학생시절에 제 자신과 사회나 직장에 대해 너무 모르고 무모한 결정을 했습니다. 대학 졸업 후 이 분야에 취업을 하여 직접 생활을 하니 제가 생각했던 것과 너무 다르고, 중요한 것은 제가 메이크업과 같은 미술 분야에 취미가 있는 정도이지 뛰어난 재능이 있지는 않다는 것을 알았습니다. 수년 간 노력을 했지만 메이크업 아티스트로 성공하기는 어렵다는 것을 알았고, 이제 나이도 30대 중반이 되니까 회사에서도 메이크업이 아니라 영업을 맡기는군요. 이제 와서 다시 대학공부를 할 수도 없고, 앞으로 제 인생을 어떻게 해야 할지 저도 큰 고민입니다.

필자 : ······· 같이 고민해 봅시다.

수년이 지난 지금도 필자는 K과장을 잊을 수가 없다. 자기가 잘하는 것을 정확하게 이해하지 못하고, 선배는 단편적인 잘못된 조언을 하여 촉망 받는 학생의 인생이 꼬이게 되었다.

K과장의 사례는 자기인식을 잘못한 대표적인 경우이다. 즉 자기가

'잘하는 것'과 '좋아하는 것'을 구분하지 못하였고, 또한 자신의 목표와 주변상황에 대한 인식이 부족했으며, 부모님이나 선생님과 제대로 된 대화가 부족했던 것이다.

역량을 효과적으로 개발하기 위해서는 자신의 인성(성향, 성격, 기질 포함)과 역량의 수준과 강약점을 정확하게 파악하는 것이 기본적인 조건이다. 역량수준을 파악하는 것은 12개의 핵심역량 중에서 어느 것이 높고 낮은 지를 파악하는 것도 좋지만, 12개의 역량을 하나하나 너무 세부적으로 파악하지 않더라도, 인지영역 · 실행영역 · 관계영역 중에서 어느 영역이 더 높은지 낮은지를 확인하고, 더 나아가서 '6개 부분' 중에서 어느 부분이 더 높고 낮은지를 확인하는 것만으로도 충분하다고 할 수 있다.

대부분의 사람들은 자신이 역량의 '3개 영역 6개 부분'에서 높은 부분과 낮은 부분을 정확히 인식하고 있다고 생각할 수 있지만, 필자가 많은 관리자들을 역량평가와 피드백을 한 경험으로는 대상자의 절반 이상은 자기 인성의 특징과 역량수준을 정확히 인식하지 못하고 있다.

'감성지능' EQ을 개발한 다니엘 골먼(Daniel Goleman)도 '자기인식(Self-Awareness)'이 감성지능의 기본이고 출발점이라고 했듯이 자기인식 능력이 부족하면 다른 영역의 역량도 떨어지게 되고 개발도 힘들어진다.

　필자가 수많은 사람을 평가하고 피드백과 코칭을 하면서 알게 된 사실은 역량이 우수한 사람일수록 자신의 특성과 자신의 역량수준을 비교적 정확히 인식하고 있다는 것이다. K기업의 임원후보 60여명에 대하여 역량평가결과에 대한 피드백을 할 때, 역량평가 점수가 상위 20%에 속하는 사람들, 즉 역량이 우수한 평가대상자 대부분은 자기인식을 비교적 정확히 하고 있었다. 즉, 자기 인성의 특징과 어떤 역량이 강점이고 어떤 역량이 약점인지를 상대적으로 정확히 인식하고 있었다. 반면에 역량평가 점수가 하위 20%에 속하는 사람들은 대부분 자기인식을 잘 못하고 있다는 것이다. 즉 자신의 특징과 강점인 역량과 약점인 역량을 정확히 인식하지 못하고 있다.

　우리는 비슷한 경험을 학창시절에 대부분 겪어 보았을 것이다. 학창시절에 공부를 잘하는 우등생은 대부분 시험이 끝난 후에 자신의 점수에 대하여 정확하게 예측한다. 반면에 공부를 잘하지 못하는 학생은 시험 후에 자신이 예측한 점수가 성적표를 받아보면 예상보다 낮게 나타나는 것을 경험을 통하여 알고 있다.

　코칭에서 흔히 코칭대상자가 평가와 진단을 통하여 자기인식을 정확하게 하고 있다면, 코칭은 반이 끝났다고 이야기한다. 그 만큼 자신의 특징과 강약점을 정확히 인식하는 것, 특히 잘못 알고 있던 부분을 깨닫고 인정하는 것은 어려운 일이고 중요한 일이다. 더 나아가 자신의 강점으로 나타난 역량과 약점으로 나타난 역량의 원인까지 파악하게 된다면, 역량개발은 매우 수월해진다. 병에 걸리더라도 원인을 알면 쉽게 치료할 수 있는 것과 마찬가지 이치라고 할 수 있다.

앞서 언급한 것처럼 역량은 상당부분 선천적인 인성과 어린 시절의 환경에 영향을 많이 받기 때문에 이 부분을 파악하게 되면, 역량을 개발할 수 있는 효과적인 방법을 쉽게 찾을 수가 있다.

자기인식에서 필요한 사항은 1)인성의 특징 2)역량 수준과 강약점 3)전공지식과 경험 4)주변 환경 5)자신의 가치관과 목표로 정리할 수 있다.

최근의 한 조사를 보면 우리나라 대학생의 80%는 자신의 전공이 자신의 성향이나 스타일에 맞지 않는다는 결과가 나온 적이 있다. 학생들이 자신의 성향이나 가치관은 무시하고 성적에 맞추어서 학교를 선택하거나 취업이 잘되는 학교와 학과를 선택의 기준으로 삼고 있기 때문이다. 이러한 결과로 대학시절 내내 학교생활에 잘 적응하지 못하거나 중도에 포기하는 경우도 있고 혹은 졸업 후에 전공과 상관없는 분야로 진출을 하는 경우가 다반사이다. 혹은 좋은 직장에 취업을 한 이후에도 자신이 하는 일에 대하여 계속적으로 갈등을 느끼면서 일을 하다 보니 상당한 스트레스를 받고, 또한 자신의 강점인 역량을 제대로 발휘하지 못하여 원하는 성과를 이루지 못하는 경우가 자주 발생한다.

고등학교시절에 공부를 잘하여 본인의 적성은 생각하지 않고 의대에 입학하였지만 대학시절에 잘 적응을 하지 못하여 중도에 포기하는 경우도 있고 혹은 의대를 졸업한 후에 의사를 하지 않고 다른 분야에서 행복하게 자신의 일을 하는 사람들을 간혹 볼 수 있다. 소위 말하는 명문대 치과대학을 졸업하고 10여년 치과의사로 근무하다가 지금은 다른 분야의 일을 하고 있는 필자의 지인은 자신의 치과대학 동기들 중에서 20~30%는 치과의사를 하지 않는다고 언급한 적이 있다.

이런 결과는 국가적으로 큰 인적자원의 낭비일 뿐만 아니라, 개인적으로도 상당히 불행한 일이다. 경제적·시간적으로 개인과 사회적으로 너무 많은 것을 낭비하고 있는 것이다.

이런 현상은 자기인식에서 필요한 사항인 1)인성의 특징 2)역량 수준과 강약점 3)전공지식과 경험 4)주변 환경 5)자신의 가치관과 목표를 무시하거나 간과해서 나타난 현상이다.

이상 5가지 사항의 특징을 좀 더 자세하게 살펴보면 다음과 같다.

(1)인성의 특징 : 인성(Personality)이란 "자신만의 생활 스타일로 다른 사람들과 구분되는 지속적이고 일관된 독특한 심리 및 행동양식" 이라고 정의할 수 있으며, MBTI, DISC, MMPI, Enneagram, BIG5 등 다양한 성향검사와 행동특성검사가 활용되고 있다고 2장에서 언급한 바 있다.

인성의 특징을 파악하는 것이 중요한 이유는 인성의 유형과 인성의 세부내용의 강한 정도를 파악하면, 어떤 직업이나 직군에서 역량을 잘 발휘하고 일에 대한 만족도를 높게 가질 수 있는가를 파악할 수 있다.

특정 직업이나 직군에서 특정 유형의 스타일이 유독 많이 나타나는 현상을 볼 수 있다.

예를 들면, 필자는 얼마 전 고위공무원 코칭을 하면서 코칭의 참고자료로 코칭대상자인 고위공무원과 부하직원에 대한 MBTI보고서 약 100개 정도를 살펴보았다. MBTI는 사람의 성격유형을 16개로 구분하고 있는데, 놀랍게도 16개의 유형 중에서 ISTJ, ESTJ의 두 가지 유형이 전체의 약 60%를 차지하고 있었다. 또한 16개의 유형 중에서 반 이상의 유형이 전혀 나타나지 않고 있었으며, 오히려 어떤 부서는 10여 명이 전부 ISTJ 한 가지 유형으로 나온 경우도 있었다. 두 가지 유형의 공통점은 직관, 이성, 계획적인 성향이 강하다는 것이다. 간단하게 말하면 오감을 통해서 상황을 경험적이고 현실적으로 인식하고 논리적이고 이성적으로 판단하며, 체계적이고 계획적으로 일을 하는 성향이다. 즉, 이러한 성향의 특성이 있기 때문에 공무원과 같은 직업을 원했을 것이고, 공무원 생활을 오래 하다보니 이러한 성향이 더 강화되었을 것이다.

인성을 파악하게 되면, 대상자가 어떤 부문에서 만족하면서 일을 잘 할 수 있는지 어느 정도 예측이 가능하다. 현재 MBTI나 DISC 같은 다양한 성향검사를 대학과 기업에서 많이 활용하고 있는데, 주의할 점은 어떤 유형은 어떤 일을 잘 할 수 있다고 단정하면 위험하다는 사실이다. 즉, 몇 개의 유형으로 1~2만 개에 달하는 직업의 특성을 단정적으로 연결하는 것이 무리일 수 있다. 또한 유형의 정도가 강하지 않으면 개인에 따라서 검사를 다시 할 경우에 다른 유형이 나타날 가능성도 있으며, 같은 유형이라도 주변 환경과 가치관에 따라서 사람마다 다르게 행동할 수 있기 때문이다.

(2)역량 특징과 수준 : 역량(Competency)은 "어떤 특정 업무를 얼마나 잘 할 수 있는지에 영향을 미치는 부분"이며, 선천적인 영향도 있지만 교육과 훈련 등을 통하여 개발이 가능하고, 특히 관리자로서 조직을

이끌며 성과를 창출하는데 핵심적인 요인으로 작용한다고 2장에서 언급한 바 있다.

인성을 통해서 대상자가 어떤 직업이나 직무에 만족감을 느끼면서 일을 할 수 있는지를 확인할 수가 있다. 그러나 해당 업무를 얼마나 잘 할 수 있는지 평가할 수는 없다.

예를 들면, 음악을 좋아하고 노래를 잘 부른다고 해도 모두가 가수나 성악가가 될 수 있는 것은 아니다. 오히려 음악을 좋아하지만 노래 실력은 다소 부족하여 가수로 실패한 사람이 이후에 음반기획이나 엔터테인먼트 사업에서 큰 성공을 거두는 경우를 볼 수 있다. 이런 사람은 음악적 재능은 보통 이상이나 탁월하지 못해서 가수로 실패했지만, 오히려 사업가에게 요구되는 역량들이 탁월하여 관련분야 사업가로 큰 성공을 거두었다고 볼 수 있다.

또한 교수나 연구원 등 특정 영역에서, 국내외에서 최고의 실력을 인정받는 전문가들도 자신의 전공과 관련된 분야의 원장이나 총장과 같은 직책을 맡았을 경우에 기대이하의 성과를 거두는 경우도 자주 볼 수 있다. 이런 경우에 개인적인 전문성과 열정은 높을 지라도 조직을 관리하고 사업화 하는데 필요한 역량은 부족하다고 볼 수 있다.

이와 같이 역량수준이 어느 정도인지 그리고 어떤 역량이 높고 어떤 역량이 낮은지를 파악해야 어떤 직무나 직군에서 성공 가능성이 높은지를 알 수 있다.

(3)전공지식과 경험 : 전공지식과 경험이란 대학에서 전공한 분야와 이후에 기업에 입사하여 주로 활동한 전공분야와 경험을 말한다.

물론 대학에 입학할 때 많은 사람들은 자신의 적성과 상관없이 대학과 전공과목을 선택하는 경우가 많다. 원하지 않는 전공을 택하여 해당 전공을 별로 공부하지 않았다고 하더라도 대학시절에 같은 과 친구들과 같이 생활한 분위기나 문화는 자신도 모르게 내재화 되는 면이 있다. 또한 첫 직장에서 배운 사회생활과 직장분위기 및 업무수행 방법 등은 나도 모르게 내재화 되고 가치관 형성에 중요한 역할을 한다.

필자가 역량평가나 코칭을 하다보면, 사회과학을 전공한 관리자와 공학이나 자연계열을 전공한 관리자들은 과제를 해결하는 방식이나 대응방식에서 차이가 나는 것을 볼 수 있다. 물론 모든 관리자들이 다 그런 것은 아니지만, 일반적으로 사회과학을 전공한 관리자들은 상황을 다양하게 분석하고 여러 가지 가능성을 생각하지만, 명확한 논리성이 상대적으로 미흡하다. 반면에 공학이나 자연계열을 전공한 관리자들은 상황을 단순하게 생각하지만, 나름 논리적이고 명확한 대안을 제시하는 면이 상대적으로 강하게 나타난다.

원하지 않아도 젊은 시절에 배운 전공과 경험은 중요한 영향을 미치며, 자신도 모르게 강점으로 개발되었다고 볼 수 있다.

(4)주변환경 : 주변환경이라고 하는 것은 자신을 둘러싸고 있는 외적인 환경조건을 의미한다. 개인적으로 가정의 문제와 사회적으로 자신이 속한 조직의 문제라고 볼 수 있겠다.

주변환경의 특징은 자신이 주도적으로 이끌거나 변화를 시키는데 어느 정도의 제한과 한계가 있는 것이다.

가정문제와 관련해서 가장 대표적인 이슈는 경제문제가 될 것이다. 자신이 하고 있는 일이 자신의 적성에 맞고 보람도 있으며 성과를 잘 내고 있다고 하더라도, 경제적인 문제로 인하여 가정생활에 어려움이 발생하고 있다면 자신의 일을 지속하는데 큰 갈등과 어려움을 겪을 수 있다.

주변을 살펴보면, 사법고시를 합격하고 판·검사로 근무하던 사람이 가정의 경제적인 문제로 인하여 판·검사를 사직하고 변호사를 개업하는 경우를 간혹 볼 수 있다. 또한 음악, 연극 등 예술분야에서 일을 하는 사람들 중에서 경제적인 어려움으로 인하여 하던 일을 포기하던가 아니면 막노동 등 다른 일을 같이 하는 경우를 심심치 않게 볼 수 있다.

조직의 문제와 관련해서 자신이 속한 조직의 문화나 구성원들과 갈등이 대표적인 이유이며, 또한 조직의 안정성이나 발전성도 이슈가 될 수 있으며, 조직 내에서 개인의 성장 가능성과 근무조건도 이슈가 될 수 있다.

(5)자신의 가치관과 목표 : 가치관이라고 하는 것은 개인생활과 사회생활에서 스스로 중요하다고 생각하고 행동하는 방향과 특성이라고 할 수 있다.

예를 들어 자신의 가치관이 금전적 보상 보다는 공익적 가치와 명예를 더 중요하게 생각하는 사람은 급여가 좀 적더라도 사회에 기여하면서 올바르게 살아가는 직업에서 만족감을 느끼며 살 수 있다. 이런 유형의 사람은 회사에서 불공정거래를 해서라도 실적만을 요구할 경우에 갈등과 어려움을 겪을 가능성이 상대적으로 크다.

목표라고 하는 것은 내가 달성하고자 하는 것이 가정이나 소속한 조직 내에서 가능한 것인가 하는 문제이다. 내가 하고자 하는 목표가 소속된 조직 내에서 달성하기가 어렵거나 불가능하다면, 목표를 수정하든가 아니면 조직을 떠나야 할 것이다. 그렇기에 자신의 목표가 조직 내에서 달성 가능한 것인지는 반드시 확인하여야 한다.

자기인식을 정확히 하지 못하는
이유는 무엇일까?

사람이 자기 자신을 잘 모른다는 말이 쉽게 수긍하기 어려울 수도 있다. 그러나 우리가 흔히 상대를 비난할 때, "자기 주제파악을 못한다"라는 말처럼 자기 자신을 객관적으로 파악하는 것은 쉬운 일이 아니다. 고대 그리스철학에서도 철학의 명제이자 출발을 "너 자신을 알라"라고 하지 않았던가?

자기 자신을 정확히 파악하기 어려운 이유는 여러 가지가 있겠으나, 여기서 몇 가지 중요한 원인을 살펴보겠다

(1) 동기(Motive)와 가치(Value)에 대한 오해

동기와 가치에 대하여 제대로 이해하지 못하고 있는 것이 자기인식에 가장 큰 영향을 미친다. 즉 선천적으로 강한 부분과 학습과 환경으로 개발된 부분의 차이에서 이러한 오해는 발생한다.

2장의 빙상모델에서 설명한 것처럼, 수면 밑 빙산의 가장 아래 부분인 인간 내면 가장 깊숙한 부분에 동기가 있고, 수면 가까운 부분에 가치가 있다. 가치는 가치관이나 신념이라고 이해하면 될 것이다.

동기는 "어떤 일이나 행동을 나도 모르게 하지 않으면 안 되는 행동 유발 요인"이라고 하겠다. 맥클러랜드 교수는 이 영역은 선천적인 영

향이 크고 영유아기 시절에 형성이 끝난다고 주장하였다. 나도 모르게 자연스럽게 어떤 행동을 하거나, 그런 행동을 하는 것이 즐겁고 편한 마음이 드는 것은 그런 동기가 강하기 때문이다. 또한 자녀들이 부모와 비슷한 성향이 나타나거나 혹은 비슷한 직업에서 재능을 발휘하는 이유이기도 하다.

반면에 가치는 "어떤 일을 하는 것이 중요하고 나에게 이익이 될 수 있다"고 생각하기 때문에 하는 행동이다. 사람들이 생각하고 의식적으로 하는 평상시의 행동은 대부분 자신의 가치관과 신념에 의하여 이루어진다.

사람들은 자신이 중요하게 생각하고 행동하는 '가치'를 자신의 '동기'로 오해하는 경우가 많다.

맥클러랜드 교수가 언급한 '성취동기'는 심리학 뿐 아니라 경영학과 행정학 등 다양한 분야에서 인용되고 있는데, 소위 '성공한 사람들'의 상당수는 성취동기가 강한 사람이 많다는 통계가 있다. 그러나 일반적으로 기업에서 어느 정도 성과를 거두고 승진한 사람들은 '성취에 대한 동기' 보다 '성취에 대한 가치'가 상대적으로 더 강하게 나타나는 것을 알 수 있다.

예를 들어, 올림픽에서 금메달을 딴 선수가 올림픽 이후에 곧바로 은퇴하는 경우도 볼 수 있고, 금메달을 딴 이후에 다음 올림픽을 위하여 도전하는 선수가 있다. 대부분의 선수는 전자에 해당한다고 할 수 있다. 금메달을 따서 다양한 혜택과 보상을 받는다. 명예, 병역면제, 연금, 후원금, 좋은 일자리 등이 보장되기에 더 이상 참기 힘든 고통을 이겨내며 운동을 하고 싶은 마음이 사라진다. 이러한 선수는 올림픽 금메달에 대한 순수한 도전이기 보다는 그로 인한 보상이 있기에 힘든 고통을 이겨내고 오랫동안 도전을 한 것이다. 후자에 해당하는 선수는 한 번 더 올림픽 금메달을 딴다고 해서 보상이 두 배가 되는 것은 아니지만, 끊임없는 도전과 새로운 신기록에 도전하고 싶은 마음이 강한 것이다. 그래서 금전적 보상이 더 없다고 하더라도 기꺼이 새로운 도전을 한다. 전자에 해당하는 사람은 '성취에 대한 가치'가 높은 것이고, 후자는 '성취에 대한 동기'가 높은 것이다.

이런 현상은 비즈니스 세계에서도 똑같이 일어난다. 예를 들어, 영업담당 관리자들이 주어진 목표를 초과달성하기 위해 열심히 주야로 일하고 목표를 초과달성하는 것은 '성취동기'보다는 '성취가치'가 높은 것이다. 이들에게 목표를 부여하지 않고 홍보와 회사 이미지에 더 신경을 쓰라고 지시하고 목표달성을 해도 고과에 반영이 없고 인센티브가 없다면 그들은 목표달성은 별로 신경 쓰지 않을 것이다. 목표달성이 자기업무에서 성공에 중요하지 않기 때문이다. 그러나 성취동기가 강한 관리자는 회사가 제공하는 보상에 상관없이 자기 스스로 목표를 세우고 새로운 기록 달성에 노력할 것이다.

많은 관리자들은 성취에 대한 가치가 높아서 목표를 달성하는 것이지 성취에 대한 동기가 높아서 달성하는 것은 아니다.

성취동기가 높은 사람은 목표를 달성하고 나면, 일상사에서도 스스로 또 다른 목표를 세우고 도전을 하는 경향이 있다.

예를 들어, 등산을 좋아하지 않더라도 등산을 하면 정상까지 도전을 한다거나, 골프를 하면 타수를 줄이기 위하여 몇 시간 씩 연습을 하는 행동이 자주 나타난다.

필자의 경험으로 직장생활을 10년 이상한 우리나라 남성들에게서 가장 많이 나타나는 정체성 고민 중에 하나는 '친화동기'에 해당하는 부분이다.

코칭을 할 때 대상자들이 많이 질문하는 것 중에 하나는 "어린 시절에는 내향적이었는데, 지금은 영업을 오래하고 사람관리를 하다 보니 사교성이 많이 늘었고 외향적으로 변한 것 같다. 그런데 가끔은 사람 만나기가 싫고 혼자 있고 싶을 때도 있다. 내가 어떤 때는 내향적이고 어떤 때는 외향적인 것 같아서 가끔은 나의 정체성이 궁금하고 혼란스럽다"는 내용이다.

답은 간단하다. 이 사람은 선천적으로 내향적인 특질을 갖고 있는 사람이고, 사교성 등 외향적인 부분은 사회생활을 하면서 이 부분이 중요하다고 생각하기 때문에 이와 관련된 행동을 지속적으로 반복하였기에 관련된 역량이 개발된 것이지, 성격이 바뀐 것은 아니다. 그래서 주말이나 휴가 때는 혼자 있고 싶은 마음이 자신도 모르게 생기는 것이고, 은퇴 후에는 전원생활을 하면서 조용히 살기를 원할 가능성이 높다.

이러한 현상은 반대로 나타날 수도 있다. 동기가 강한데 자신이 하는 일이 반대의 성향이 있다 보니까 그 부분 역량이 발달하지 않을 수도 있다.

필자가 상담을 했던 한 중학교 여교사는 본인이 고등학교 시절까지는 학생회 활동도 하고 친구들도 많이 사귀는 등 굉장히 외향적이었는데, 사범대학에 입학한 이후에는 학생들에게 모범이 되어야 하는 "중학교 교사가 너무 활발하고 외향적이면 좋지 않다"는 주위의 조언을 듣고 그 이후에는 외부활동을 자제하고 조용히 생활했으며, 교사가 된 이후에는 학생과 학부모를 만나면 조용히 이야기하는 소위 착실한 선생님이 되었다고 했다. 그러나, 교사생활을 하면서 평일에는 조신하게 보내지만, 주말에는 친구들을 불러 모아서 떠들고 돌아다니고 시간을 보내야 편하다고 한다. 이 사람은 친화동기가 강한데, 평상시에는 의식적으로 이를 줄이려고 노력하는 것이다. 따라서 주말이나 휴일처럼 편안한 상황에서는 자신도 모르게 자신의 강한 동기에 따라 행동하는 것이다.

따라서 친화동기가 약한데, 이를 개발하여 사교성이나 관계를 잘 하는 사람들은 관계영역에 해당하는 역량들을 개발하는데 한계가 나타난다. 또한 관계형성에 필요한 기술은 발달할 수 있으나, 기본적으로 상대방에게 공감하고 이해하는 면은 높지 않게 나타날 가능성이 높다. 또한 스스로 이러한 사교적인 행동을 장기적으로 지속하면 스트레스를 받을 가능성도 높다.

(2) 평가·진단의 왜곡

직장생활을 오래한 사람들은 직장에서 여러 차례 "360도 다면평가"라는 것을 경험하였을 것이다.

다면평가는 다양한 용도로 활용되고 있다. 통상적으로 회사에서는 매년 업적고과와 능력고과를 실시하는데, 업적고과는 객관적인 실적이 수치상으로 나타나지만, 능력고과는 눈에 보이지 않는 역량을 주변 사람들이 평가하기 때문에 상대적으로 객관성이 떨어진다.

능력고과는 기업의 인사제도 특성에 따라서 고과에 반영하기도 하고, 아니면 순수하게 역량개발에만 목적을 두기도 하는데, '360도 다면평가'를 고과나 평가에 반영하는 경우는 여러 가지 무리가 따를 수 있다.

객관성이 다소 부족하다보니 다면평가 결과에 대하여 수긍하지 않거나, 다면평가(진단)의 결과가 왜곡되어 대상자가 자기의 특징과 강약점을 잘못 이해하는 경우가 발생한다.

다면평가(진단)의 결과가 왜곡되는 대표적인 경우는 다음과 같다.
- 구성원들이 왠만하면 서로 좋은 점수를 준다.
- 평가자가 평가대상자를 잘 모르는 경우이다.
- 평가자가 평가 당시에 기분이나 주변상황의 영향을 받는다.
- 평가자가 역량개념을 잘 모르거나 이해 수준이 낮다.

① 일반적으로 상사에게 좋은 점수를 준다.

우리나라에서는 정서상 사람을 평가할 경우에 역량이 다소 부족한 사람이라도 왠만하면 중상(中上)이나 상(上)을 주는 경향이 있다, 더구나 평가대상자가 자기 직속 상사일 경우에는 상(上)이나 최상(最上)을 주는 경향이 많다. 따라서 평가결과를 집계하여 보면 대부분 5점 만점에 4점 이상을 받는 경우가 많다. 평가에서 5점 만점에 3점을 보통이라고 할 때 4점은 상당히 높은 점수인데, 대부분 4점 이상이 나온다.

특히, 상사가 부하직원들 중에서 누가 평가에 참여했는지를 아는 경우에는 후환이 두려워서라도 좋은 점수를 줄 수밖에 없는 실정이다.

필자가 다면평가 결과를 갖고 코칭을 할 때, 자주 듣는 이야기가 평가대상자가 "평가결과보고서를 보니 누가 참여했는지 알겠습니다." 이다. 이러한 상황에서 어떻게 부하직원이 정확하게 상사의 약점이나 상사에 대한 불만을 이야기하겠는가. 또 이러한 평가결과를 어떻게 신뢰할 수 있겠는가.

결국 이러한 평가결과를 받은 평가대상자인 상사는 자신의 역량이 높거나, 적어도 중간 이상이라고 생각할 수밖에 없다.

② 평가자가 평가대상자를 잘 모르거나, 알면서 왜곡하는 경우이다.

평가의 신뢰도를 높이려면 평가에 참여하는 사람들은 평가대상자에 대하여 충분히 알고 있는 주변사람이어야 한다. 이를 위한 조건은 적어도 같이 근무한 지가 3개월 이상이어야 하고, 일주일에 2~3회 이상은 업무상 접촉이 있는 비즈니스 생활권에 있는 상사나 부하직원이어야 한다. 따라서 부서에 배치된 지 한 달도 안 되었거나, 부하직원이라도 일주일에 한 번도 개별적으로 만나지 않는 경우에는 신뢰도가 떨어질 수 있다.

또 다른 이유는 상사평가에서 상사가 부하직원에 대하여 무관심하거나 부하직원에게 개인적인 감정이 있거나, 부하직원의 직무를 잘 모르는 경우이다. 글로벌 컨설팅사인 헤이컨설팅사의 자료에 의하면 이와 같은 이유로 상사평가의 20~30%는 왜곡되었다고 한다.

또한 한국은 상사가 인정상 연공서열에 의거하여 능력에 상관없이 고참 순으로 평가점수를 주는 경우도 볼 수 있다. 실제로 필자가 코칭을 위하여 만났던 S사의 L임원은 외부 평가전문가들이 매우 낮은 역량평가 점수를 준 부하 K팀장에 대하여 5명의 팀장들 중에서 전년도 능력고과에서 최고 점수를 주었다. 내가 직접 만난 K팀장도 역량이 아주 낮다는 느낌이었는데, 담당 L임원에게 최고 점수를 준 이유를 물었더니, "원래 우리나라 사람은 조직 내에서 선후배관계가 중요하고 정(情)이라는 게 있지 않습니까? K팀장이 역량이 부족한 것은 저도 압니다만, 그래도 부서 내에서 최고참인데 이번에 한 번 승진 기회를 주어야지요. 아! 그리고 제가 다른 4명의 팀장에게는 불만이 없도록 술 한 잔 하면서 다 이해를 시켰습니다." 라고 오히려 본인이 배려심이 있고 부하를 잘 육성한다고 생각하고 있었다. 결과적으로 K팀장은 자신이 중간 이상의 역량을 갖고 있다고 생각하고 있으며, 외부전문가들의 평가가 잘못되었다고 강한 불만을 갖고 있었고, 승진을 안시켜주는 회사에 대해서도 불만을 많이 갖고 있었다. 40명의 평가 대상자 중에서 최하 수준의 점수를 받은 K팀장은 혼자서 자신의 역량이 중상(中上)수준이라고 생각하고 있었다.

③ 평가자가 평가 당시 기분이나 주변 상황의 영향을 받는다.
　　평가를 하는 사람은 상사이건 부하이건 평가를 하는 상황이 평안하

고 일상적인 상황에서 평가를 해야 한다.

개인적인 이유이든 회사의 분위기 때문이든 자신이 평가를 하는 상항에서 기분이 너무 좋거나 너무 안좋거나, 혹은 평가대상자와 최근에 특별히 좋거나 나쁜 일이 있었을 경우에 자신도 모르게 이러한 기분이 평가에 영향을 미쳐서 평가결과를 왜곡시킬 수 있다.

평가자 자신이 평가 직전에 우울하거나 기분이 안좋은 일이 있었으며, 평가질문에 대하여 부정적이거나 소극적인 항목에 점수를 부여할 가능성이 높으며, 반대로 직전에 상사로부터 칭찬을 받거나 좋은 일이 있어서 기분이 좋은 상태에서는 모든 항목에 점수를 높게 줄 가능성이 있다.

또는 부서실적이 안좋아서 부서의 분위기가 안좋은 상황이라면 평가점수를 낮게 줄 가능성이 높으며, 반대의 상황이라면 높게 줄 가능성이 있다. 또한 평가대상자와 최근에 안좋은 일로 갈등이 있었다면, 부서가 잘 안돌아 가는 이유가 평가대상자 역량이 부족하다고 생각이 들어서 부정적인 평가를 할 가능성이 높다.

④ 평가자가 역량개념을 잘 모르거나 이해수준이 낮다.

이 경우는 부하직원이 상사를 평가하는 경우에 자주 나타난다.

먼저 회사의 역량모델링과 정의가 명확치 않아서 평가자가 자기 주관적으로 해석하고 평가를 하는 경우이다. 이런 경우에 똑같은 질문항목에서 부하직원들이 서로 반대의 평가를 내리는 경우도 발생한다.

예를 들면, '자신감'이라는 역량에 대하여 정의가 명확치 않고 이해가 부족하면, 아무 근거도 없이 문제해결에 자신감이 있다고 하면서 일을 일단 밀어부치는 상사에 대하여, 어떤 부하직원은 평가 점수를 높게 줄 수도 있고, 어떤 부하직원은 무모하다고 생각하여 평가 점수를 낮게 주는 상황이 발생할 가능성이 있다.

또한, 자주 발생하는 경우는 부하직원들이 상사의 인지능력과 관련된 역량에 대하여 높게 점수를 주는 경향이다. 예를 들면, 상사인 부장의 '전략적 사고'라는 역량에 대하여 과장 입장에서는 자신보다 경험이 많고 전문성이 있는 상사이기에 무조건 사고능력이 우수하게 보여서 최상의 점수를 주는 경우이다. 이러한 경우에 똑같은 문항에 상사인 임원은 낮은 점수를 줄 수도 있다. 예를 들면, 대리·과장급 부하직원들은 모두 5점 만점에 4.0~4.5를 주는데 상사인 임원은 2.0을 주는 현상이 나타나는 경우이다. 상사의 판단으로는 부장급 역량이 부족하기 때문에 또는 상사가 요구하는 수준에 미달하기 때문에 낮게 평가할 수 있다.

이상과 같은 이유로 평가대상자는 왜곡된 다면평가·진단 결과로 인하여 자신의 성향과 역량수준에 대하여 잘못된 인식을 하는 경우가 많다.

⑶ 소속된 조직의 문화와 특성

자신이 소속된 부서의 업무상 특성이나 문화나 지역적 특성에 따라서 평가결과에 대한 왜곡현상이 나타날 수 있다.

필자가 경험했던 사례를 들면, K그룹의 지방영업본부에서만 15년 이상을 근무한 A팀장이 외부 전문가들의 역량평가결과 인지영역과 관련된 '전략적사고'와 '문제인식능력'이 3.0 정도의 중간점수가 나왔다. 피드백을 하는 과정에서 A팀장은 "나는 지난 10년간 회사에서 실시한 다면평가에서 항상 4.0 정도로 인지영역과 관련된 역량이 높다고 주변에서 평가를 받았고, 회사에서 수여하는 아이디어 우수상도 받았는데, 무슨 근거로 외부평가자들이 자신의 인지영역 역량을 낮게 평가하느냐?"고 항의를 하였다.

A팀장은 오랜 영업관리 경험을 통하여 현장 영업에 새로운 방식을 고민하고 몇 가지 아이디어를 통하여 본부의 매출증대에 기여한 것은 사실이다. 이러한 이유로 주변에서는 항상 사고능력이 우수하다고 평가를 받은 것이고 본인도 그렇게 생각하지만, 몇 가지 아이디어를 냈다고 사고능력이 우수하다고 볼 수는 없다. 역량평가 과정에서 A팀장은 주어진 과제에서 문제의 핵심을 이해하고 해결방안을 제시하는 면에서 보통 수준의 역량이 나타났다. A팀장은 지방본부에서만 근무를 하였던 관계로 본사에 근무하는 팀장들의 역량수준을 정확히 모르고 있었던 것이다. 자세한 설명 후에 A팀장은 자신이 오해한 부분을 인정

하고 향후 역량개발 포인트를 수정하였다.

또 다른 경우는 같은 회사의 연구소에서 개발담당으로 근무하는 B 팀장이 자신이 관계영역과 관련된 역량이 우수하다고 인식하고 있는 경우이다. 직무성격상 연구개발부서에 근무하는 직원들은 관계영역과 관련된 역량들이 상대적으로 낮게 나타나는 경우가 많다. 이유는 굳이 설명 안 해도 독자들이 이해할 수 있을 것이다. 그나마 B팀장은 연구부서 내에서 외향적인 스타일이고 부서회식을 주도하는 편이어서, 개발담당 부서 내부 다면평가에서 관계영역과 관련된 역량이 높다고 평가를 받았고 본인도 그렇게 생각하고 있었다. 그러나 실제로 역량평가 과정에서 Role Play나 Group Discussion을 같이 수행한 영업부서와 지원부서 팀장들과 비교하면 B팀장의 의사소통ㆍ고객서비스ㆍ부하육성의 역량은 보통 수준이었다. B팀장도 피드백과정에서 처음에 항의가 있었지만, 전후사정과 이유를 이해하고는 자신의 역량개발 포인트를 새로이 알게 되었다.

이렇게 역량 수준을 오해하는 현상은 직업의 차이나 업종의 차이에서도 자주 나타난다.

공무원이나 공기업 또는 건설업 등과 같이 수평적 커뮤니케이션 보다 수직적 커뮤니케이션이 주로 이루어지는 조직의 구성원들에게 의사소통, 고객서비스, 부하육성 등과 같은 역량이 상대적으로 낮게 나오는 현상을 볼 수 있다. 이 부분에 근무하는 사람들은 질문을 통한 쌍방향 커뮤니케이션 보다는 일방적으로 자신의 주장을 강조하는 모습을 자주 볼 수 있고, 부하직원의 의견을 듣고 입장을 이해하기 보다는 일방적으로 가르치고 지시하는 모습이 자주 나타난다. 조직의 문화적 특성이 그렇다 보니 자신들이 이 부분의 역량이 부족하다는 것을 별로 인식하지 못하는 경우가 많다.

오히려 고위공무원을 평가하고 코칭을 하다보면, 국토교통부 등과 같이 민원업무를 많이 접한 부서의 공무원들이 의사소통과 고객서비스에 대한 역량이 상대적으로 높게 나타나는 경우가 많다는 것을 볼 수 있다. 민원업무를 많이 접하다 보니 자신도 모르게 이에 필요한 역량이 개발된 것이다.

(4) 대상자가 신념이나 주관이 강하여 "인정하고 싶지 않은 부분"과 "인정받고 싶은 부분"의 차이가 있다

이러한 현상은 일반적으로 인생이나 직장생활의 올바른 자세, 업무처리 방식, 인간관계 방식 등에 대한 자기 나름 가치관이나 신념이 강한 사람들에게 자주 나타난다. 주로 자신이 전공하는 부분에 대하여 자신이 우수하거나 탁월하다고 인정받고 싶은 신념이다.

여기에 해당하는 사람들은 전문성과 학벌이 인지영역의 역량과 일

치한다고 생각하는 경우이다. 물론 인지영역의 역량은 지능과 연관성이 크게 있는 것은 사실이지만 꼭 일치하는 것은 아니다.

소위 명문대를 졸업하고 전문성이 있으며, 전략기획 등 핵심부서에서 근무한 사람들은 자신이 인지영역의 역량이 우수하거나 탁월하다고 생각한다. 이들은 인지영역과 관련된 역량의 역량평가결과가 낮게 나오면 절대로 평가결과를 인정하지 않는 경향이 있다. 오히려 평가를 담당한 평가위원들이 자신의 역량을 이해하지 못하는 수준이거나, 평가방식에 문제가 있다고 생각하고 이를 증명하려고 애를 쓴다.

또 하나 자주 발생하는 경우는 관계영역의 역량과 관련하여 자주 나타난다. 어떤 이유에서든지 "인간관계는 이렇게 해야 한다", "직장생활은 이렇게 해야 한다"는 등 관계영역과 관련된 역량에 자신의 신념과 철학을 강하게 갖고 있는 경우이다.

이러한 현상은 특히, 어렵게 성공한 사람들한테서 자주 발견이 되는데, 가장 대표적인 경우는 자수성가하여 개인사업자나 중소기업 경영자에게서 나타나는 경우가 많고, 기업에서도 나름 성공했다고 스스로 생각하는 사람들에게 자주 발견된다.

즉, 자신은 자신의 가치관과 신념을 갖고 행동해서 성공을 하였기 때문에 자신의 방식이 맞고 해당 역량이 자신은 높다고 생각하고 있는 것이다. 하나의 성공사례를 일반화하여 전체적으로 적용하고 있는 것이다. 이런 경우에 자신의 생각과 다른 의견을 아예 듣지 않거나 평가 결과를 인정하지 않는다. 혹은 자신이 성공하지 못하였을 경우에는 자신의 역량이 부족하거나 생각이 틀린 것이 아니라, 운이 없었거나 주변사람의 역량이 부족한 탓으로 돌리는 경우가 나타난다. 즉 자신의 신념이나 가치관이 틀릴 수 있다는 것을 의도적으로 인정하지 않는 경우이다.

여러 가지 이유에 의해서 사람들은 자기인식을 정확히 하지 못하고 있다. 물론 외부전문가들의 평가나 내부 다면평가가 꼭 맞는다고 할 수는 없다. 그러나 현재까지 직무수행과 관련하여 역량을 평가하고 분석하기 위해서 개발된 방법들 중에서 가장 신뢰도와 타당도가 높은 방법이라는 점에서 이를 인정하고 자신을 되돌아 볼 필요가 있다.

자기인식을 정확하게 하기 위해서 인성과 역량에 대한 개념을 정확히 이해하고 백지상태에서 자신의 특징과 강약점을 곰곰이 생각하고 파악할 필요가 있다.

'3개 영역 6개 부분' 의 개발 방법은 각각 다르다.

앞의 3장에서 언급한 것처럼 3개 영역의 역량은 비교적 명확하게 구분되는 특징이 있으며, 개발이 비교적 쉬운 역량이 있고 개발이 매우 어려운 역량도 있다. 또한 역량개발은 파급효과가 있어서 하나가 개발이 되면 근본적 속성이 비슷한 역량은 같이 개발될 수 있다.

따라서 '3개 영역과 6개 부분'의 속성을 정확히 이해하고, 이에 맞추어 효과적인 개발 방법을 활용하는 것이 좋다.

(1) 인지영역(Thinking)의 개발

인지영역은 기본적으로 지능 및 학습능력과 연관성이 깊게 있다. 따라서, 독서와 사색과 토론을 통하여 다양한 지식과 경험을 쌓고 다각도로 폭 넓게 사고하는 습관을 길러야 하며, 여러 가지 분석도구를 배워서 활용하여야 한다.

필자의 경험에 의하면, 일반적으로 자연·공학계열의 관리자들이 상대적으로 사회·인문계열의 관리자들에 비하여 낮게 나타나는 경향이 있다. 공학계열이 논리적이고 명확한 결론을 도출하는 면은 우수하지만, 상대적으로 명확한 답이 없거나 불분명한 문제를 접할 경우에 다양한 가능성에 대하여 폭넓게 생각하는 방법을 어려워하는 경향이 있다. 그렇기 때문에 기업이나 대학에서 인문학의 중요성을 강조하는 이유이기도 할 것이다.

■ 거시능력(Macro)

– 문제와 현상에 대한 근본적인 원인을 찾기 위한 사색이 필요하다.

– 인과관계와 상호작용을 파악하는 논리적 사고가 필요하다.

– 미래의 트렌드, 타 업종의 변화흐름, 세계 정치경제의 변화 등에 대한 이해가 필요하다.

– 이 부분은 앞서 이야기한 바와 같이 선천적인 요인이 강해서 개발에 상당히 오랜 시간이 필요하고, 가급적 어린 시절에 다양한 사고를 하고 문제의 원인을 깊이 있게 생각하는 훈련과 경험을 해야 개발이 가능하다. 또한 사회과학과 인문학에 대한 이해가 필요하며, 철학의 문답법처럼 진리를 찾아서 끊임 없는 질문을 통하여 본질에 접근하는 훈련도 도움이 된다.

■ 미시능력(Micro)

– 컨설팅기법에서 사용하는 다양한 이론을 이해하고 방법론을 배우고 실습을 해야 한다.

– 4P분석, 3C분석, SWOT분석, 5WHY 등 전략적 사고력 개발에 관한 도서를 읽고 연습한다.

– 해당 산업의 변화흐름에 대한 연구와 경쟁기업의 성공·실패사례 등에 대한 이해와 연구가 필요하다.

– 이 부분은 상대적으로 학습과 훈련을 통하여 원하는 수준의 개발이 가능한 영역이며, 일반적으로 컨설팅이나 교육에서 전략적 사고력

과 관련된 내용들이 해당된다. 또한 MBA에서 진행하는 케이스 스터디도 이 부분과 관련하여 도움이 되는 내용이다.

(2) 실행영역(Working)의 개발

실행영역은 눈에 보이는 행동과 직접적인 조직의 성과와 관련이 깊다. 또한 상대적으로 개발의 효과가 가장 빠르고 잘 나타나는 부분이기도 하다. 다양한 실행기법에 대한 도구를 학습하고 실무에서 실천하고 모니터링 하여 부족한 점을 개선하면 효과를 빨리 볼 수 있다. 다만, 추진력을 발휘하는데 있어서 과거의 트라우마나 잘못된 신념 같이 개인의 내적인 문제로 인하여 장애가 발생하는 것은 심층적으로 개인의 내적원인을 먼저 파악할 필요가 있다.

■ 계획능력(Plan)

- 성과관리, 문제해결기법, 목표관리, 시간관리 등의 기법을 학습하고 지속적으로 사용해야 한다.

- 주변의 성공사례를 자신의 계획과 비교하여 차이점을 이해하고 개선하는 노력을 해야 한다.

- 자기가 수립한 계획을 조직의 상사나 선배, 혹은 해당분야 전문가에게 항상 피드백을 받는다.

- 이 부분은 인지영역의 미시능력과 연관이 있고 영향을 받는다.

또한 다양한 교육과 코칭을 통하여 효과적으로 개발노력을 할 경우에 상대적으로 타 부분에 비하여 개발 가능성이 가장 높은 부분이다.

■ 추진능력(Action)

- 문제해결기법, 조직관리기법, 조직심리 등을 학습하고 활용해야 한다.
- 의지, 열정이 부족한 경우에 근본 원인을 찾아야 한다.
- 조직구성원에게 동기부여 하는 방법을 찾아야 한다.
- 이 부분은 업무수행에 열정과 적극성이 있으면, 어느 정도 해결이 가능한 부분이다. 성공여부와 결과를 고민하지 말고 자신감을 갖고 일단 도전하고 실행하는 습관을 길러야 한다. 특히 조직구성원들을 움직이는 기술을 배우고 지속적으로 실천하고 제3자에게 평가와 피드백을 받아야 한다.

(3) 관계영역(Relating)의 개발

관계영역은 인간관계의 상호작용 상황에서 주로 발생하는 내용들이기 때문에 쉽게 눈에 나타나고 개발 결과를 확인하기가 쉽다. 다만 주관적 판단이 개입하기가 쉽기 때문에 이 영역은 특히 자신의 생각과 판단 보다는 상대방의 느낌이나 제3자의 객관적인 평가가 중요하다.

■ 이해능력(Understanding)

 – 자신의 인성과 역량을 진단 · 평가받고 특징을 이해해야 한다.

 – 생활방식 · 업무스타일에 대한 가족, 동료 등 주변사람들과 자신의 차이점을 찾고 이로 인해 발생하는 갈등을 파악한다.

 – 경청을 통해서 상대의 입장과 어려움을 무조건 이해하려고 노력한다.

 – 경청, 감성지능 개발훈련, 스트레스 관리, 마인드 컨트롤, 감수성 개발 등 자기관리에 대한 훈련이 도움이 된다.

 – 이 부분은 선천적인 영향이 크기 때문에 개발이 상대적으로 어렵다. 또한 주관적인 부분이 많아서 객관적으로 평가하고 판단하기가 어렵다. 이 부분과 관련된 교육과 훈련을 받으면 어느 정도 개발이 되지만 다른 영역의 역량에 비하여 개발하는데 한계가 있다.

■ 관리능력(Management)

 – 커뮤니케이션 스킬, 코칭 스킬, 스피치훈련, 경청과 질문기법 등 학습과 훈련이 도움이 된다.

 – 자신이 하는 회의운영, 토론, 스피치 등의 장면을 동영상 촬영 후 스스로 관찰하고 피드백을 받는다.

 – 이 부분의 역량을 개발하는데 필요한 이론과 내용은 누구나 이해할 수 있을 정도로 쉽다. 그러나, 이를 행동으로 지속적으로 실천하여

습관화 하려면 오랜 시간이 필요하다.

 – 이 부분을 개발하면 실행영역의 추진능력과 같이 개발될 가능성
이 높다. 즉, 코칭스킬을 개발하면 부하를 육성하고 조직분위기를 개
선하고 조직만족도를 향상시키는 효과가 나타나는 등 상호연관성이
상당히 높다는 것을 알 수 있다. 또한 커뮤니케이션 스킬이 개발되면
설득력과 협상력 등도 같이 개발된다.

일반적인 개발방법에는 어떤 것들이 있는가?

앞에서 살펴 본 것처럼 '3개 영역 6개 부분'의 역량개발 방법과 효
과는 다르다. 일반적으로 역량개발을 위하여 어떤 개발방법들이 사용
되고 있는지를 알아보고, 각각의 개발 방법이 어떤 역량개발에 도움이
되는지를 알아본다.

 (1) 교육(Education) : 경영대학원이나 전문학원 등에서 주로 이루어지
며, 교육 방법은 주로 이론과 개념 중심 강의와 사례연구가 많고 학문
적인 지식과 기술을 전달하는 면에서 강점이 있다. 이론과 개념 중심
이라서 일반적으로 현실성이 떨어진다는 단점과 비용이 많이 드는 것
이 단점이다.

 기업에서는 소수의 핵심인재를 양성하거나 특정 직무의 전문가 양

성을 위하여 위탁교육을 하는 경우에 주로 활용된다.

(2) 훈련(Training) : 컨설팅회사나 교육훈련전문기관에서 운영하는 실무교육과정, 액션러닝, 코칭, 시뮬레이션 등을 들 수 있다. 실행영역과 관련된 역량개발에 상대적으로 효과가 크다. 지식과 이론 보다는 역량 향상을 위한 구체적인 스킬개발에 중점을 두고 있으며 실무능력을 강조하는 장점이 있으나, 학문적 깊이가 약하고 피상적인 면이 있으며, 검증되지 않은 기관이나 프로그램을 교육 받을 경우에는 효과를 얻지 못할 수도 있다.

(3) 개발(Development) : 기업의 HR담당부서가 업무현장에서 직간접적으로 수행하는 직무순환, 도전적인 업무수행, 코칭, 인사고과, 후계자 양성계획 등을 말한다. 실행영역과 관련된 역량개발에 상대적으로 효과가 크다. 업무수행을 하면서 학습이 이루어지므로 비용이 적게 들고 현실성이 가장 높으나, 업무범위 외의 새로운 지식이나 기법을 학습하는 것은 한계가 있다.

(4) 독서(Reading) : 개인적으로 관련 서적을 읽어서 역량개발과 관련된 지식과 방법론을 이해하는 것이다. 필요한 역량을 이해하고 개발하기 위한 기본적인 조건이고 비용이 적게 투입되고 스스로 실행할 수

있다는 장점은 있으나, 어떤 책을 선택해서 읽어야 하는지가 쉽지 않은 문제이며, 이해한 내용을 스스로 실천하기가 어려울 뿐 아니라, 여간한 의지가 아니면 지속적으로 시간을 투자하여 실천하기가 쉽지 않다. 인지영역과 관련된 역량개발에 상대적으로 도움이 된다.

(5) 코칭(Coaching) : 진단이나 평가결과를 바탕으로 자신에게 필요한 역량개발계획을 수립하고 전문코치로부터 일정기간 동안에 역량개발계획과 관련된 실천사항을 실행하고 피드백을 받는 것이다. 관계영역과 실행영역에 관련된 역량개발에 상대적으로 효과가 크다. 최근에는 회사 내에서 사내코치를 양성하여 활용하기도 한다.

역량개발이 장기적이고 지속적으로 실행해야 하는 것인 만큼, 전문가인 코치가 정기적으로 만나서 방향을 제시하고 지속적으로 피드백을 하는 만큼 역량개발의 효과는 상대적으로 크게 나타난다. 그러나 상대적으로 비용이 많이 들고 자신에게 맞는 실력 있는 코치를 만나기가 쉽지 않으며, 사내코치는 전문성에 한계가 있을 수 있다.

(6) 멘토링(Mentoring) : 지식이나 경험이 많은 선배나 상사가 일대일로 멘토 · 멘티가 되어서 업무수행과 관련된 어려움이나 방법론을 지도나 조언하고 피드백 하는 제도이다. 실행영역과 관련된 역량개발에 상대적으로 효과가 크다. 주로 사내의 선후배 사이에 이루어지는 경우

가 많은데 비용이 적게 들고 현장감 있는 내용 위주로 즉각적으로 이루어지는 장점이 있으나, 멘토에게 특별한 인센티브가 없으면 형식적으로 이루어지는 면이 있으며, 또한 멘토의 능력과 의지에 따라서 효과가 달라질 가능성이 많다.

(7) DC(Developnment Center) : 일반적으로 역량평가(AC)와 같이 사용하는 개념으로 '역량개발' 이라고 표현한다. 몇 명이 그룹을 만들어 역량평가 전문가로부터 역량평가와 관련된 다양한 과제를 수행하면서 자신의 특징과 장단점을 피드백 받는 것이다. 여러 명이 같이 과제를 수행하고 피드백을 받기 때문에 다른 사람과 비교하며 자신의 역량수준과 장단점을 비교적 정확하게 인식하고 개발 방법을 찾을 수 있다. 그러나 상대적으로 비용이 많이 들고 역량개발에 필요한 실천사항을 지속적으로 실행하는데 한계가 있다.

자신에게 효과적인 개발방법을 찾자

중국 당나라 중기에 백거이(白居易)라는 존경 받는 시인이 있었다. 그는 중국문화가 가장 발전했던 당나라시절에 이백(李白), 두보(杜甫)와 함께 '3대 시인'으로 칭송받는 인물이다. 3,000여 수의 시를 창작하여 중국역사에서 가장 많은 시를 쓴 대시인으로 평가를 받고, 과거에 3번 급제하고 40여 년 동안 관리생활을 청렴하게 하여 백성들로부터 존경받는 인물이었다.

그는 과거에 급제하여 벼슬을 받고 지방 마을에 관리로 발령을 받았다. 마을 부근의 절에 당나라에서 유명한 고승(高僧)이 있다는 소식을 듣고 그를 찾아가서 가르침을 요청하였다.

백거이 : 스님을 찾아서 먼 길을 왔습니다. 제가 백성을 잘 다스릴 수 있도록 가르침을 주십시오, 불교의 가르침은 무엇입니까?

고승 : 아이고 먼 길 오시느라 고생하셨습니다. 불교라고 특별한 것이 있나요! 그냥 정직하고 착하게 살라는 것입니다.

백거이 : 에! 그런 것이야 세 살 먹은 어린이도 아는 것 아닙니까?

백거이가 크게 실망하고 어이가 없다는 듯이 자리에서 일어나서 방을 나가려는 순간에 고승이 한마디 하였다.

고승 : 세 살 먹은 어린아이도 아는 당연한 이치를 팔십 먹은 노인도 실행하지 못하느니라!

백거이는 놀라며 엎드려서 고승에게 큰 절을 하였고, 깨달음을 얻어서 관리생활을 청빈하고 훌륭하게 하였다고 한다.

백거이와 고승의 일화는 필자가 리더십이나 코칭스킬과 관련된 강의를 하면 강의 마지막에 꼭 해주는 이야기다. 강의나 피드백과 코칭을 하면 가장 많이 듣는 이야기 중에 하나가 "어떻게 하면 역량을 빨리 개발할 수 있습니까?"라는 말이다. 필자는 꼭 이렇게 대답한다. "역량 개발방법은 내용이 어렵거나 이해하기 힘들지가 않다. 개발 방법은 간단하지만 자연스럽게 습관화 될 때까지 실행하기가 정말 어렵다."

사례 ③

필자는 K그룹 임원급을 역량평가한 이후에 역량평가 보고서와 다면평가 보고서를 갖고 피드백을 하는 과정에서 K상무를 만났다.

그는 40대 초반의 유학파 출신으로 글로벌 컨설팅회사에서 근무하다 수개월 전에 K그룹에 입사하였는데, 상당히 똑똑하고 겸손하면서 적극적인 성격이었다. 역량평가와 다면평가 결과도 전반적으로 양호하게 나온 편이었으나, 관계영역(Relating)의 역량이 보통 수준의 결과로 나왔다.

K상무 : 저는 미국에서 전략분야를 전공하고 컨설팅을 해서 인사와 조직 분야는 잘 모릅니다. 역량평가를 하고 피드백을 받으니, 저를 자세하게 되돌아 볼 수 있는 기회가 되어서 좋았습니다. 교수님이 피드백을 한 번만 해주고 추가로 코칭이 없다니 아쉽습니다. 또 뵐 수가 없으니, 제가 역량개발을 잘 할 수 있도록 몇 권의 책을 소개해 주고, 실행할 행동수칙들을 10개 정리하여 주십시오. 한 달에 하나씩 실행하여 일 년 동안 역량개발을 하겠습니다.

필자 : 관계영역과 관련된 역량개발은 머리로 이해하는 것이 아니고, 몸으로 자연스럽게 하는 것입니다. 따라서 하나의 역량이 개발되려면 수개월에서

다시 한 번 강조하지만 역량개발은 단기간에 개발이 되는 것은 아니다. 또한 머리로 개발 방법론을 이해하고 있다고 개발되는 것도 아니다. 더구나 나이가 들면 들수록 여러 가지 이유로 역량개발은 더 힘들어진다.

역량을 빨리 개발하기 보다는 자신의 특성에 맞는 방법을 찾아서 효과적으로 개발할 수 있는 길을 찾는 것이 현명한 선택이다.

역량을 효과적으로 개발하려면 다음의 5단계를 따라 이루어져야 하고, 이러한 5단계는 지속적으로 반복 실행되어야 한다.

[그림1] 역량개발 5단계

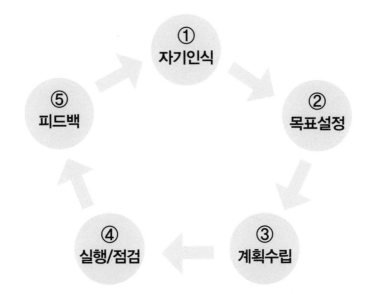

(1) 자기인식(Self-Awareness)

5장 앞 부분에서 자기인식을 정확히 하면 역량개발의 절반은 성공한 것이라고 설명하였다. 또한 여기에 해당하는 것은 1)인성의 특징 2)역량 수준과 강약점 3)전공지식과 경험 4)주변 환경 5)자신의 가치관과 목표로 정리하고 이에 특징도 설명하였다.

자기인식이 부족하면 자신이 무엇이 강점이고 무엇이 약점인지를 잘못 이해하는 것이기 때문에 개발 포인트와 목표 자체가 의미가 없어지고, 이후에 계획을 수립하고 실행하는 것은 시간낭비가 될 가능성이 크다.

흔히 벤치마킹을 하거나 다른 사람의 성공·실패사례에서 교훈을 얻어서 따라한다는 말은 자주 하는데, 이는 매우 중요한 사항이지만 정확한 자기인식 없이 성공사례를 따라하게 되면, 성공의 가능성 보다는 오히려 안하는 것 보다 못한 결과를 가져올 수도 있다.

그러한 사례들은 주변에서 자주 볼 수 있다. 자기 성향에 맞지 않는 대학과 전공을 선택하거나, 자기 성향이나 가치관에 맞지 않는 직업이나 직장을 선택하여 항상 스트레스를 받아가며 생활하는 경우를 많이 볼 수 있다. 또한 자기의 성향이나 가치관에 대한 인식 없이, 자신에게 맞지 않는 성공사례를 모델로 역량개발을 하면 오히려 역효과가 발생할 수도 있다.

(2) 목표설정(Goal Setting)

자기인식이 정확히 정리되었다면, 다음으로 목표를 설정한다. 목표는 단기목표와 장기목표로 나누어서 설정할 수 있다. 단기목표는 1년 이하의 목표를 말하며, 장기목표는 1년 이상으로 3년, 5년으로 설정하면 좋다.

장기목표는 다소 추상적일 수 있고 구체성이 부족할 수 있다. 구체적인 내용 보다는 수년 후에 자신의 지위나 모습을 그려볼 수 있다. 또한 1년 이하의 단기목표는 실천하는 과정에서 수정하고 보완할 수도 있다.

단기목표는 1년 후의 모습을 그려보고 월·분기 별로 세부목표를 설정하고 좀 더 구체적이고 수치적으로 설정하면 좋다. 이 보다 더 세부적인 내용은 실행계획에 반영하고 점검하는 것이 좋다.

목표를 설정한 후에 목표가 달성되면 자신에게 어떤 도움이 될지를 상상하고 이로 인한 파급효과를 생각하는 등 스스로 자존감을 높이고 자기에게 동기부여를 하는 것도 좋은 방법이다.

(3)계획수립(Planning)

구체적인 목표가 설정되면 단계적이고 구체적인 계획을 수립해야 한다. 단계적이라는 것은 혼자서도 실행하기 쉽고 즉시 할 수 있는 것과 시간적으로 자주 할 수 있는 행동계획을 말한다. 혼자서 할 수 없고 누군가의 도움이 필요하거나, 일정 시간이 지난 후에 실행할 수 있거나, 가끔 하는 것을 계획에 반영하면, 처음에는 의욕이 있어서 시작하지만 어느 정도 시간이 지나면 여러 가지 이유로 작심삼일(作心三日)이 될 가능성이 높다.

구체적이라는 것은 추상적으로 계획하는 것이 아니라 수치적으로 계산할 수 있든가 아니면 세부적인 행동내용을 수립해야 하는 것을 말한다. 예를 들면, "일 주일 동안 오전 10시에 커피를 직접 타서 부하직원을 한명 씩 면담하고, 면담 시간은 10분으로 하며 현재 직무수행과 관련된 개인적인 어려움을 듣기만 한다."와 같이 수치상으로 계산 가능한 것이 좋다.

(4)실행과 점검(Action&Monitoring)

계획이 수립되었으면 바로 실행에 들어간다. 그리고 실행 내용을 메모하고 일정기간을 단위로 제대로 실행이 되고 있는지를 스스로 점검한다.

계획대로 실행을 하고 있는지, 실행을 하는데 장애물이나 문제점이 있는지, 만약에 실행하는데 차질이 있다면 원인이 무엇인지를 확인하여 계획수정에 반영한다.

앞의 내용에 맞추어 살펴보면, 일주일 동안 빠짐없이 오전 10시에 부하직원들을 한 명씩 커피를 직접 타서 마시며 면담을 하였는지, 면담내용은 제대로 정리하였는지, 자신은 이야기를 하지 않고 부하직원의 어려움을 경청만 하였는지 등을 모니터링 한다.

만약에 계획대로 진행이 되지 않았다면, 어느 부분이 제대로 진행이 되지 않았는지를 확인하고 원인을 파악한다.

(5)피드백(Feedback)

피드백은 자신이 스스로 하는 것이 아니고 전문코치나 상사 등 제3

자가 해주는 것이 좋다. 일주일 혹은 한 달 동안 목표달성을 위하여 실행계획이 제대로 실행이 되었는지를 먼저 확인한다.

계획대로 실행이 되었다면, 스스로 어떠한 변화가 있었는지, 새롭게 느낀 것이 무엇인지, 주변의 반응은 어떤지 등을 확인하고 다음 계획을 수립할 때 반영한다. 만일 실행이 제대로 안되었다면, 실행이 안된 원인과 이유를 파악하여 목표나 계획을 수정하거나 보완할 필요가 있다.

또한 어느 정도 기간 동안 지속적으로 실행을 하였다면 3개월 혹은 6개월 후에 자신의 행동이나 태도에 대한 변화가 있는지, 주변에서 자신에 대하여 느끼는 것은 어떤지 등에 대하여 제3자의 피드백을 받아야 한다. 그리고 처음 목표를 설정할 때 원하던 바를 달성하였는지도 살펴볼 필요가 있다.

특히, 제3자가 피드백을 해주는 과정에서 자신은 인식하지 못하는 행동이나 습관을 확인할 필요가 있고, 자신의 변화된 행동이 다른 사람들에게 어떤 영향을 주었는지 등을 객관적으로 파악할 필요가 있다.

'12개 핵심역량' 개발을 위한 행동수칙을 실천하자.

역량을 효과적으로 개발하려면 자기인식(Self-Awareness)을 정확히 하고 자기의 역량수준과 강약점이 어느 것인지를 이해하는 것이 중요하다고 언급하였다.

아래에 '12개 핵심역량' 을 개발하기 위한 행동수칙을 정리하였다. 즉 '12개 핵심역량' 중에서 자신이 좀 더 개발의 필요성을 느끼는 역량에 대한 행동수칙이라고 할 수 있다. 앞에서 설명한 '역량개발 5단계' 에서 계획수립과 실행을 할 때, 아래의 각 영역에 해당하는 행동수칙을 기본으로 구체적인 행동계획을 수립하면 효과성을 높일 수 있다.

(1) 인지영역(Thinking)의 역량

■ **사업통찰력**(Business Perspective)

-. 해당 분야의 정기간행물을 정기적으로 구독하여 트렌드를 이해한다.

-. 자기가 속한 조직의 핵심역량과 경쟁기업이나 유사업종 기업의 핵심역량을 이해하고 비교 분석한다.

-. 미래학과 관련된 강의를 듣고 도서를 탐독한다.

-. 다른 업종의 사업 성공사례를 분석하고 벤치마킹이 가능한 것을 찾아 본다.

-. 사업과 관련 있는 다른 분야 전문가들의 의견을 듣고 다양한 이슈를 토론한다.

-. 역사,경제 관련 도서와 다큐프로그램을 보면서 혁신과 변화의

흐름을 이해한다.

■ 전략적 사고

－. 사고의 패턴을 기존의 생각과 정반대로 바꾸는 등 다양한 접근으로 문제핵심을 파악한다.

－. 대안을 선택하기 위한 다양한 관점의 사고를 한다.

－. 과거의 성공과 실패사례의 원인을 분석한다.

－. 상황분석, 문제해결 기법 등을 자주 활용한다.

－. 업무상 다양한 이해관계자의 입장을 다각적으로 분석하여 생각한다.

－. 추진계획의 장단기 성공 가능성과 자원동원 가능성을 분석한다.

■ 자기확신

－. 자기가 과거에 성공한 일의 원인을 찾아서 성공에 대한 확신을 갖는다.

－. 과거에 성취했던 일들을 정리하고 회상한다.

－. 현재 상황에서 가능성 높은 목표를 수립하고 도전을 계속한다.

－. 자기확신을 갖지 못하게 하는 자신의 내적 특성을 찾아서 극복한다.

－. 다른 사람의 성공경험을 듣고 자신의 생각과 비교하고 적합한

방법을 새롭게 구상한다.

　-. 성공한 모습을 상상하여 자기확신을 경험해 본다.

■ 의사결정

　-. 평상시 일상생활에서 발생하는 일들의 우선순위를 나열한다.

　-. 합리적 의사결정을 방해하는 다양한 지각오류의 종류를 이해하고 객관적 입장을 유지한다.

　-. 업무추진과정에서 발생하는 파급효과와 이해관계자의 이익과 불이익을 생각한다.

　-. 의사결정과정에서 A안) B안) C안) 등 대안을 구상한다.

　-. 의사결정을 미루거나, 근거 없이 결정하는 내적 특성을 파악한다.

　-. 복잡하다고 생각하는 상황에서 핵심문제와 과장된 내용을 구분한다.

(2) 실행영역(Working)의 역량

■ 성취지향

　-. 평범 이상의 노력을 투입하여 목표를 달성할 수 있다는 자신감을 쌓는다.

–. 생활 주변의 작은 일에도 목표를 정하여 도전한다.

  –. 목표달성을 위한 구체적인 계획수립과 시간관리 방법을 생활화한다.

  –. 새로운 것에 대한 도전의욕을 방해하는 원인과 내적 특성을 찾아서 극복한다.

  –. 평상시에 복잡하고 난이도가 높은 일의 달성방법을 구상한다.

  –. 과정보다 결과를 우선시하고 조직 내에 이런 분위기를 조성한다.

■ 팀리더십

  –. 조직관리 기법을 익히고 구성원들의 특성을 파악한다.

  –. 구성원들이 각자의 역할, 역량, 자세를 어떻게 변화시켜야 할지 토론한다.

  –. 비전달성을 위한 구성원의 역할과 기대사항, 과제를 구체적으로 준비한다.

  –. 비전달성을 위한 목표와 실천계획을 구체적으로 정리한다.

  –. 팀이 목표달성을 할 경우 구성원 각자에게 어떤 이익이 있는지를 정리하고 자주 표현한다.

  –. 팀 운영에 불만이 있는 직원에 대한 대처방안을 구상한다.

■ 변화주도

  –. 미래를 생각하고 현재의 업무에서 효율적으로 추진할 수 있는

방안을 작성한다.

-. 변화를 시도할 경우 예상되는 문제점과 구성원들의 저항사례를 찾는다.

-. 일상 업무에서 비효율적이거나 불편하다고 생각하는 제도나 프로세스를 찾아서 정리한다.

-. 상사나 이해관계자에게 변화의 필요성을 이해시킬 방법을 찾는다.

-. 변화과정에서 구성원들이 얻을 것과 잃을 것을 구분한다.

-. 변화의 성공사례에 관련한 도서와 교육을 통하여 변화흐름을 찾는다.

■ 부하육성

-. 부하직원의 장단점을 개인별로 파악하여 도전적인 과제를 부여한다.

-. 업무 외에 부하직원들의 개인적인 어려움과 원하는 사항을 파악하고 지원한다.

-. 부하직원의 면담내용을 별도의 코칭일지에 기록하고 지속적인 자극방법을 찾는다.

-. 코칭, 멘토, 상담 등 효과적인 부하육성 방법을 배운다.

-. 저성과 직원의 행동을 분석하고 문제점을 찾는다.

-.부하직원의 업무태도에 따라 긍정·부정적 피드백을 균형 있게 사용한다.

(3) 관계영역(Relating)의 역량

■ 자기관리

-. 센터링, 마인드컨트롤, 심호흡 등 자기에게 효과적인 심리적 안정방법을 찾는다.

-. 자신의 내적특성 형성 원인을 찾아보고 장단점을 이해한다.

-. 자신의 내적특성을 이해하고 이로 인하여 부정적으로 나타나는 행동을 조절한다.

-. 효율적인 시간관리 기법을 익혀서 계획적인 일상생활을 한다.

-. 긍정적 마인드와 적극적 사고를 자주 한다.

-. 자신의 행동에 대한 피드백을 정기적으로 받는다.

■ 대인이해

-. 상대방의 성격과 행동, 가치관의 특징을 이해한다.

-. 상대방이 자주 사용하는 단어와 표정, 표현방법 등을 관찰한다.

-. 대화 초반에 상대방의 의견을 경청하고 상대입장을 이해하기 위해 노력한다.

-. 타인의 주장이 나와 다를 경우에 타인의 주장에도 타당성이 있다고 생각한다.

-. 나의 주장에 대한 상대방의 반응과 감정을 예상한다.

-. 부하직원들에게 호·불호를 명확하게 하지 않는다.

▨ 의사소통

-. 내가 전달하려는 것과 원하는 것을 사전에 정리한다.

-. 효과적인 경청과 질문기술을 배우고 자주 사용한다.

-. 핵심을 요약하여 전달하는 효과적인 스피치 방법을 익힌다.

-. 상대방과 자신의 차이를 정리하고 공감할 부분을 찾는다.

-. 자신의 커뮤니케이션 스타일에 대하여 제3자에게 피드백을 받는다.

-. 커뮤니케이션의 다양한 도구와 효율적 사용을 이해하고 상황에 맞추어 적용한다.

▨ 관계구축

-. 동문회, 동호회 등 다양한 모임에 정기적으로 참석한다.

-. 도움이 될 수 있는 사람들의 친선모임을 직접 구성한다.

-. 주변의 사람들의 최근 소식을 적극 확인하고 데이터를 정리한다

-. 주변 사람들과 서로 도움이 될 수 있는 것을 찾아서 먼저 제공한

다.

　-. 매일, 매주 일정 수의 사람들에게 정기적으로 안부전화를 하고 티타임이나 식사를 같이 한다.

　-. 매주·매월 통화하거나 만난 사람들과 내용을 정리하고 스스로 피드백 한다.

서류함 기법

분석 / 발표

역할연기

그룹토론

Top

Executives

Bottom

역량은 어떻게
평가하는가?

Chapter
06
역량은 어떻게 평가하는가?

역량에 관심을 갖고 있는 사람이라면, 역량이 중요하고 개발해야 한다는 인식은 갖고 있을 것이다. 아마 그 다음에는 '역량을 어떻게 평가하는가?' 에 대하여 궁금증이 생길 것이다. 또한 역량을 평가하는 방법이 얼마나 정확한 지에 대한 의문도 생길 것이다.

역량을 평가하는 방법은 여러 가지가 있는데, 여기에서는 국내에서 현재 가장 많이 사용되고 있는 몇 가지 방법에 대하여 알아보겠다.

Assessment Center

직역을 하면 "평가센터"라고 하여 평가를 할 수 있는 공간적인 구조를 의미할 수 있으나, 실제로는 장소를 의미하기 보다는 줄여서 AC라고 하여 "역량평가"라고 해석한다.

AC는 역량평가를 하는 방법으로 가장 일반적으로 사용되고 있으며, 역량을 평가하는 다양한 평가방법 중에서 고성과자를 예측하는 평가방법으로 타당도와 신뢰도가 가장 높게 나타나고 있다. 구체적인 방법은 평가대상자에게 여러 가지 '가상 상황'에 대한 과제를 제공하고 이를 해결한 결과물을 갖고 평가자가 질의 응답하는 방식으로 진행한다.

고위공무원단 역량평가와 정부의 각 부처에서 실행하는 역량평가도 이 방법을 사용하고 있으며, 공기업과 대기업의 임원급 평가 등에서도 이 방법을 주로 사용하고 있다.

AC에서 사용하는 과제들은 실제 업무 활동과 유사하게 구성되어 해당 직무에 대한 피평가자의 업무 능력을 실제적으로 평가할 수 있다. AC에서는 다양한 과제를 통해 전문평가자들이 피평가자의 행동을 직접 관찰한다. 이는 AC가 지필 검사, 인지능력 검사, 성격 검사, 면접 등과 구분되는 점이다. 피평가자의 행동을 직접 관찰하고 평가하기 때문에 AC는 다른 역량평가방법 보다 실제 업무 관련 행동을 잘 예측할 수 있다.

AC에서는 "평가자(Assessor), 평가과제(Exercise), 평가도구(Tool)"가 필요 조건이다.

'평가자(Assessor)'는 주로 심리학과 경영학분야의 교수나 해당분야 컨설턴트 등 전문가와 해당 영역에서 실무경험이 풍부하면서 체계적인 평가자 교육을 받은 전문가들이 주로 담당을 한다.

'평가과제(Exercise)'는 피평가자의 수준과 해당 조직의 특성 등을 고려하여, 과거에 발생하였던 사건을 참고하거나 발생 가능한 사건을 생각하여, 다양한 상황과 통계분석자료, 이해관계자 및 조직 구성원의 특징, 해결해야 할 문제 등을 현실적으로 응용하여 제시한다.

'평가도구(Tool)'는 서류함기법(In-Basket), 역할연기(Role Playing), 분석·발표(Analysis·Presentation), 그룹토론(Group Discussion), 케이스 스터디(Case Study) 등을 주로 사용하고 있다.

(1) 서류함기법(In-Basket)

서류함기법(In-Basket)은 피평가자가 가상의 직책(예: 영업본부장)을 부여 받고 업무상황에서 발생한 다양한 자료와 정보를 검토한 후에 주어진 시간 내에 어떻게 일을 처리하는가를 통하여 평가대상자의 해당 역량을 평가하는 기법이다.

일반적으로 피평가자는 주어진 시간(50분~90분 정도) 동안 과제를 검토하고, 자신이 생각하는 업무처리 내용을 작성한 후, 20~30분 정도 평가자(Assessor)와 질의응답을 한다. 이 기법에서 제공하는 과제에 조직도, 구성원의 특성, 메일, 메시지, 보고서, 신문기사, 팩스, 통화내용, 다양한 통계자료, 분석 보고서 등이 있다. 과제내용은 보통 5~10가지 정도의 처리해야 할 이슈가 포함되어 있다.

평가자는 피평가자가 작성한 업무처리 내용을 보고, 자료와 정보에 대한 이해도, 조치사항에서 중요도와 시급성의 반영, 합리적인 의사결정, 적절한 권한위임과 조직관리, 문제의 핵심파악과 우선순위에 대한 고려, 이해관계자에 대한 파악과 조치여부 등 다양한 부분을 종합적으로 파악하고 해당 역량을 평가한다.

따라서 이 과제는 주로 실행영역의 역량을 주로 파악하게 되고 과제의 내용에 따라서 추가적으로 인지영역과 관계영역의 역량을 파악할 수가 있다.

(2) 분석 · 발표(Analysis · Presentation)

분석 · 발표(Analysis · Presentation)는 피평가자가 가상의 직책(예:신사업본부장)을 부여받고 신규 사업계획이나 새로운 정책기획안 등을 발표하는 형식으로 가상의 다양한 정보와 자료를 검토한 후에 자신이 구상하는 사업방향과 계획을 발표하고, 평가자는 보고내용을 검토하고 질의응답을 통하여 해당역량을 평가한다.

일반적으로 피평가자는 일정시간(40~80분) 동안 과제를 검토한 후에 작성한 내용을 갖고 20~30분 정도 평가자와 보고 및 질의응답을 한다. 여기에 제공되는 자료는 여러 가지 통계자료, 분석보고서, 신문기사 등이 있다.

예를 들면 "당신이 신사업 본부장으로서 회사가 내년에 진출할 신사업을 아래의 3가지 중에서 하나를 선택하고, 어떤 방식으로 사업을 진행할 지를 발표하라" 는 것이다. 물론 모든 과제가 그렇지만 여기에서도 정답은 없다.

평가자는 피평가자가 작성한 사업방향과 계획에 대한 보고서를 검토하고, 자료에 대한 이해도와 분석력, 종합적인 사고력, 상황과 문제에 대한 핵심파악능력, 목표와 계획 간의 연계성과 논리성, 단계적이고 체계적인 실행계획의 수립, 자원의 효과적 활용, 조직관리의 합리성 등을 파악하고 평가한다.

따라서 이 과제는 주로 인지영역의 역량을 주로 파악하게 되고 과제의 내용에 따라서 실행영역의 역량과 관계영역의 관리능력에 해당하는 역량도 추가적으로 파악할 수가 있다.

(3) 역할연기(Role Playing)

역할연기(Role Playing)는 피평가자가 가상의 직책을 부여받고 조직생활에 문제가 있거나 어려움을 겪고 있는 부하직원을 면담하는 방식으로 진행한다. 피평가자의 특성에 따라서 상사와 부하, 담당자와 기자, 직원과 고객 등으로 역할을 부여하기도 한다.

일반적으로 피평가자는 일정시간(30~40분) 동안 과제를 검토한 후에 가상의 부하직원 역할을 맡은 평가자와 30~50분 정도 실제 상황처럼 면담을 한다. 이 과제에서 제공되는 자료는 면담 대상자의 인적사항과 평가자료, 조직도, 조직구성원의 특성, 전화통화 내용, 구성원간의 갈등 이슈 등으로 구성된다.

이 과제에서 평가자는 부하직원의 역할을 하는데, 피평가자가 부하직원을 얼마나 이해하고 실제로 어떻게 코칭을 하는가를 중점적으로 파악하게 된다.

일반적으로 과제 내용에서 부하직원은 성실한 직원이지만 성과를 제대로 못내고 있던가, 아니면 성과는 우수하지만 조직관리를 잘못하여 내부 갈등이 심하게 있는 상황을 부여한다.

평가자는 피평가자가 부하직원과 면담과정을 통하여 조직내부 이슈파악, 부하직원에 대한 이해와 공감능력, 코칭과 부하육성 능력, 의사소통 능력 등을 파악한다.

따라서 이 과제는 관계영역의 역량을 주로 파악하게 되고, 과제의 내용에 따라서 실행영역을 추가로 파악할 수 있다. 역할연기의 가장 큰 특징은 주어진 정보가 별로 많지 않고 사전에 제출하는 보고서도 없다. 면담시간이 상대적으로 길면서 실제로 어떻게 사람을 관리하고 면담하는가를 파악하게 된다.

(4) 그룹토론(Group Discussion)

그룹토론(Group Discussion)은 3~5명 정도의 피평가자가 각자의 역할을 부여 받고 특정 갈등이슈를 해결하여 합의안을 도출하는 방식으로 진행된다. 이 과정에서 평가자는 토론이나 진행에 관여하지 않고 관찰과 평가만을 하며, 피평가자들끼리 서로 토론하고 합의안을 도출하는 것이다.

일반적으로 피평가자는 일정시간(30~40분) 동안 과제를 검토하고 30~60분 정도 다른 피평가자들과 토론을 진행한다. 토론과정에서 평가자는 일절 관여하지 않으며, 다른 피평가자와 어떻게 토론하여 자신에게 유리하거나 참가자 모두가 이익이 되는 방향으로 합의안을 도출할 지를 파악한다.

그룹토론은 주로 두 가지 방향으로 이슈를 제기한다. 하나는 플러스 방향으로 예를 들면, 참가자 4명에게 수도권 본부장, 중부본부장, 영남본부장, 호남본부장의 가상의 역할을 주고, 향후에 큰 이익이 될 신규 사업을 어느 본부에서 우선 실행할 지를 협의하라는 식으로 이익이 되는 것을 누가 가져가는가이다. 반대로 다른 하나는 마이너스 방향으로 예를 들면, 올해말에 인원 구조조정과 사업축소를 해야 하는 상황에서 어느 본부가 더 많이 구조조정과 사업축소를 하겠는가 이다. 여기서는 회사의 전반적인 상황, 각 본부의 구성과 특징 등이 제공된다.

그룹토론 과제에서 큰 특징은 제공받는 자료의 70% 정도는 피평가자들에게 공통으로 제공되지만, 30% 정도는 상대방은 모르고 자신에게만 해당하는 자료가 각각 제공된다.

평가자는 토론과정을 관찰하면서 참가자들의 논리적인 설득력, 문제의 핵심파악능력, 의사소통능력, 세부 실행력 등을 파악할 수 있다.

따라서 이 과제는 주로 관계영역의 역량을 주로 파악하게 되고 과제의 내용에 따라서 실행영역과 인지영역에 해당하는 역량도 추가적으로 파악할 수 있다.

일반적으로 역량평가를 위하여 위의 4개 도구를 사용하는 경우가 많으나, 조직의 특성과 대상자의 특성에 따라서 도구를 변형하거나 다른 도구를 추가하여 활용하는 경우도 있다.

예1) 고위공무원단의 역량평가에서 사용하는 도구(Tool)는 1:1역할연기, 1:2역할연기, 서류함기법, 그룹토론을 사용하고 있으며, 아래의 6가지 역량을 평가하고 있다.

인지영역 : 전략적 사고, 문제 인식

실행영역 : 성취지향, 변화관리

관계영역 : 의사소통, 고객지향

예2) 신입사원의 채용과정에서는 주로 인터뷰에 추가하여 발표, 그룹토론을 많이 사용하고 있는데, 신입사원의 경우에는 현장 실무 경험이 없기 때문에 역할연기와 서류함기법은 적용하기가 어렵다.

Development Center

직역을 하면 '개발센터' 라고 하여 역량개발을 위한 공간적인 의미로 해석할 수 있지만, 그냥 '역량개발' 이라는 의미로 사용하며 AC의 상대적인 의미로 줄여서 DC라고 표현한다.

AC는 '역량평가' 라고 한다면, DC는 AC기법을 바탕으로 한 '역량개발' 이라고 생각하면 된다.

DC에서도 AC와 마찬가지로 "평가자Assessor, 평가과제 Exercise, 평가도구Tool"가 필요조건이다. 다른 점은 평가자Assessor는 단순히 평가만 하는 것이 아니라 퍼실리테이터FT 역할을 한다.

일반적으로 1명의 FT와 5명 내외의 피평가자를 한 팀으로 구성하고, 피평가자들은 AC와 똑같은 조건과 방식으로 과제를 풀고 FT와 한 명씩 차례대로 평가를 받는다. 이 때 다른 참가자들은 자신이 푼 과제보고서와 동료가 푼 과제보고서를 비교해 보기도 하고 똑같은 상황을 어떻게 처리하는지를 비교하면서 자신의 장단점을 찾는다. 하나의 과제가 끝나면, 참가자들은 서로 느낌과 장단점을 피드백 한다.

FT는 모의상황을 진행하면서 과제별로 참가자들의 역량을 평가하기도 하고, 아니면 순수하게 교육차원에서 평가점수를 판단하지 않고 장단점과 개선점만을 제시하기도 한다.

DC는 AC라는 평가기법이 생소하기 때문에 AC를 실시하기 전에 경험차원에서 진행하는 경우도 있지만, 단순히 경험만 하기 보다는 역량의 개념과 자신의 역량수준을 좀 더 정확하게 이해하고 개발을 돕기 위하여 진행하고 있다. 또한 어떤 경우에는 평가를 하지 않고, 순수하게 역량개발차원에서 DC만 수행하는 기업이 늘어나고 있다.

특히, DC는 자신이 작성한 보고서와 다른 피평가자의 보고서를 비교해 볼 수 있기 때문에 스스로 자신의 수준을 파악할 수 있으며, 역할연기 과정에서 다른 피평가자가 부하직원을 어떻게 면담하는지를 보고 자신의 장단점을 스스로 파악할 수가 있다. 과제수행 후에 바로 전문FT가 전체적인 수준과 개별적인 장단점을 평가해주기 때문에 자신의 역량수준과 장단점을 이해하는데 효과가 크다.

Multi-source Evaluation

다면평가(Multi-source Evaluation)는 일반적으로 상사, 동료, 부하, 본인 등 다양한 평가 주체들이 평가에 참여하는 방식인데, 다면평가의 궁극적인 목적은 승진을 위한 평가제도로 활용하기 보다는 역량개발과 조직 관리, 성과관리를 위해 사용하는 경우가 많다. 상사평가만을 시행할 경우에 나타날 수 있는 관대화 효과, 후광효과, 의도적 조작 등 다양한 오류 요인에 의한 부정확한 평가를 보완할 수 있는 평가방법이다. 평가 참여자들이 서로 다른 입장과 시각에서 평가대상자를 관찰하기 때문에, 서로 다른 평가 참여자들의 점수는 평가자가 자기인식과 역량을 개발하는데 도움이 된다.

(1) 상사평가

상사평가는 직속상사가 부하를 평가하는 방식으로 조직에서 가장 오랫동안 활용되어 온 일반적인 평가 방법이다. 상사는 풍부한 경험을 바탕으로 피평가자인 부하의 업무수행과 역량수준을 관찰하는데 가장 좋은 입장에 있다.

평가 주체가 상사인 경우 상대적으로 피평가자의 수용성이 높고, 성과를 중심으로 하는 인사결정에 활용이 가능하며, 부하육성과 조직관리에 대한 책임감을 증대시키는 면에서 장점이 있다. 그러나 상사의 무관심이나 부하에 대한 편향적 취향, 그리고 상사의 역량이 미흡할 경우에 평가결과의 왜곡과 부하의 거부감이 생길 수 있다.

상대적으로 상사평가는 부하의 인지영역과 실행영역에 해당하는 역량을 파악하는데 효과가 크다.

(2) 동료평가

동료평가는 피평가자와 수직적 상하관계에 있지 않고 동일하거나 유사한 직급에 있는 동료에 의한 평가를 말한다.

동료 평가는 수평적인 인간관계와 교류 등 관계영역의 역량을 평가하는데 장점이 있고, 조직내 의사소통을 원활하게 하는데 도움이 되는 장점이 있다. 그러나 자칫 구성원들 사이에 경쟁을 유발할 수가 있고, 경쟁과 우정의 관계로 인하여 평가결과가 왜곡될 가능성이 크며, 이동·배치가 자주 있는 조직에서는 동료에 대한 이해가 부족하여 평가의 정확도가 떨어질 가능성이 크다. 이러한 여러 가지 이유 때문에 동료평가는 상대적으로 덜 사용하고 있다.

(3) 부하평가

부하평가는 피평가자로부터 직접적인 명령체계 하부에 있는 구성원이 상사를 평가하는 방식이다. 부하는 상사가 구성원들을 관리하고 육성하는 면에서 당사자이기 때문에 이를 관찰하기 좋은 입장에 있다.

부하가 평가 주체로 참여하면 주인의식이 증가하고, 상사의 하향적 리더십을 평가할 수 있으며, 상하 간 원활한 의사소통의 기회가 된다는 장점이 있다. 그러나 자신의 상사를 평가하는데 대한 불편함과 두려움이 생기며, 평가참여자가 누구라는 것을 아는 상황에서 객관적인 평가에 대한 신뢰도의 문제점이 있고, 상사의 직무 내용에 대한 이해가 부족할 수 있다는 문제점도 있다.

상대적으로 부하평가는 상사의 실행영역과 관계영역에 해당하는 역량을 파악하는데 효과가 크다.

(4) 본인

다면평가에서는 평가를 받는 본인도 스스로를 평가하는 주체가 될 수 있다. 자기 평가는 직무수행의 맥락에 대한 높은 이해를 바탕으로 이루어지며, 인사 평가 면담 시간에 피드백 정보로 활용하는 것과 타인과 관점 차이를 확인하는 개발 목적에 있어서 사용 가치가 높은 장점이 있다.

그러나 직무수행에 대한 과대평가 가능성과 이와 연결된 역량수준에 대한 왜곡이 나타날 가능성이 있으며, 기본적으로 평가자와 피평가자가 동일하다는 객관성에 대한 한계가 내포되어 있다.

다면평가 점수는 평가 주체들이 동일한 피평가자의 직무 수행을 관찰하여 내린 점수이므로 이상적으로는 동일한 점수를 주거나 적어도 피평가자들의 평가 순위가 비슷해야 하지만, 실제로 각각의 평가 주체의 점수에 대한 통계적인 상관관계가 상당히 낮은 것으로 나타난다.

평가 주체마다 평가 점수가 다르고 그들의 점수 간에 상관이 애초에 기대한 것보다 높지 않다는 점은 다면 평가의 결과를 과연 정확한 평가 점수로 수용할 수 있는가에 의문을 제기한다.

이러한 이유로 인하여 다면평가결과를 자기인식과 역량개발의 목적으로 활용하는 것은 큰 도움이 될 수 있으나, 승진과 보상에 대한 자료로 활용하려면 객관성과 공정성을 높이는 방안이 필요하다.

BEI 기법

'행동사건면접' 이라고 일반적으로 번역하는 것으로서, 피평가자의 과거 성공사례를 인터뷰 하면서 심층적인 질문을 통하여 피평가자의 역량을 구체적으로 파악하는 것이다.

이 기법은 맥클러랜드 교수가 70년대 초에 미국 국무성의 고성과자와 저성과자를 대상으로 차이점을 찾아내고, 이를 역량이라고 정의할 때 사용하던 인터뷰 기법이다.

(1) BEI(Behavioral Event Interview) 개요

BEI기법은 평가자가 피평가자로부터 "최근 2~3년 사이에 성공적으로 과업을 완수한 사례"를 경청하면서, 심층적인 질문을 통하여 확인하고자 하는 피평가자의 역량을 평가하는 기법이다.

BEI기법은 과거에 발휘된 적이 있는 역량은 미래에도 발휘될 수 있다는 것을 전제로 하면서, 반대로 발휘된 적이 없는 역량은 미래에도 발휘할 가능성이 적다고 판단하는 것이다. 즉 아무리 머릿속으로는 생각을 하고 있어도 실제로 발휘한 적이 없다면 해당 역량이 높다고 볼 수 없다는 것이다.

BEI기법의 기본적인 진행에서 주요 포인트는 다음과 같다.

■ 일반적으로 정확하게 평가하기 위해서는 2명 정도의 BEI기법 전문가가 피평가자로부터 약 2시간 동안 2~3개의 성공사례를 경청하며 진행한다.

■ 평가자는 피평가자의 성공사례를 들으면서, 당시에 피평가자의

역할, 의도, 구체적인 행동, 난관과 극복방법 등 구체적인 내용에서 피평가자의 생각이나 판단은 배제하고 구체적인 사실과 행동, 결과 등을 파악한다.

■ BEI기법을 적용하기 위해서는 역량에 대한 정의 뿐 아니라 행동지표의 레벨이 정확하게 정의되어 있어야 한다. 즉, 인터뷰 과정에서 피평가자가 과거 사례에서 A역량에 대한 행동지표가 4레벨이 한번 확인되면 그에게 A역량은 4점으로 평가한다. 반면에 2점에 해당하는 역량이 여러 차례 나오더라도 그에게 A역량은 2점으로 평가한다. 즉, 낮은 수준의 행동지표는 아무리 많이 행동을 했더라도 역량수준을 높게 볼 수 없는 것이다.

■ 평가자는 피평가자가 어떤 역량을 파악하는 것인지 잘 알 수 없도록 질문과 인터뷰를 진행해야 한다. (*평가자가 어떤 역량을 파악하기 위하여 질문한 것을 알게 되면, 피평가자는 의도되고 상상력에 의한 답변이 나오게 된다.)

(2) 장점

■ 과거사례에서 발휘된 역량을 파악하고, 사전에 역량레벨을 명확히 규정하고 평가하기 때문에 역량 수준에 대한 평가가 정확하다.

■ 가상의 상황이 아니라 실제 과거의 경험이기 때문에 피평가자의 과장된 포장이나 상상력과 사고력에 의한 고평가가 나올 가능성이 적

다. (*시뮬레이션 기법에서는 과제 내용이 경험한 업무이거나 전략 · 지원업무를 경험한 대상자들이 상대적으로 고평가를 받을 가능성이 있음.)

■ 피평가자가 고평가를 받기 위하여 사전교육을 받거나 몇 가지 스킬을 배우는 것이 별로 도움이 안된다.

■ 별도의 과제개발과 공간이 필요 없기 때문에 비용과 시간을 효율적으로 사용할 수 있다.

(3) 단점

■ 평가자의 평가능력에 대한 신뢰에 어려움이 있다. 즉, 피평가자의 성공사례에 대한 설명만을 듣고 평가하기 때문에, 역량레벨을 정확하게 파악하기 위한 평가위원의 질문능력과 판단능력에 의문이 생긴다.

■ BEI기법을 전문적으로 훈련 받은 인터뷰어가 필요하다.

■ 역량에 대한 정의와 행동지표 및 레벨에 대한 정의가 정확하게 정리되어 있어야 한다.

(4) BEI기법에 대한 오해와 효과적 활용 방법

■ 앞서 언급한 것처럼 BEI기법은 전문평가자 중에서도 전문적으로 훈련받은 평가자들이 제대로 할 수 있는 인터뷰 기법이다. 그러나,

신입사원채용이나 역량평가에서 BEI기법을 활용하고 있는데, 필자가 지금까지 경험한 사례를 보면 BEI기법에 대한 이해가 부족하여 제대로 운영하지 못하는 경우를 자주 보았다.

역량평가나 신입사원 채용과정에서 "구조화 · 반구조화 된 질문"을 통하여 BEI인터뷰를 하는 경우가 증가하고 있는데, 이는 정확한 의미에서 BEI인터뷰라고 하기는 무리가 있다.

예를 들면, "과거에 리더로서 조직운영에 어려움이 발생했을 때 부하직원들과 의사소통을 잘하여 조직을 성공적으로 운영한 사례가 있으면 말씀해 주세요?"라고 질문을 하면, 이것은 누가 봐도 의사소통능력을 파악하려는 질문이다. 이때부터 피평가자는 교육에서 배우거나 책에서 읽은 효과적인 의사소통방법을 자신이 했던 것처럼 이야기하는 것은 당연하다. 결국 역량평가는 왜곡된다.

또한 어떤 평가자는 "BEI기법은 성공사례를 듣고 평가하는 것이기 때문에 평가점수가 좋게 나올 수밖에 없다"고 언급하는 경우를 많이 볼 수 있다. 이 또한 BEI기법에 대한 이해가 부족한 탓이다. 실제로 똑같은 피평가자를 BEI기법과 시뮬레이션기법(가상상황)으로 냉정하게 평가하면, BEI기법으로 평가한 경우에 평가점수가 더 낮게 나오는 경우가 많다.

만일 BEI기법에서 더 높게 점수가 나왔다면, 이는 평가자가 심층적으로 질문을 제대로 못했거나 성공사례를 들으면서 구체적 행동과 사실을 제대로 파악하지 못하고 성공결과를 듣고 판단했기 때문일 가능성이 높다.

■ BEI기법을 사용할 경우에 흔히 'STAR질문'을 사용하는 경우가 많은데, 'STAR' 질문은 Situation^(상황) Task^(임무) Action^(행동) Result^(결과)의 약자로서 이는 전문적으로 훈련받지 않은 사람들이 간편하게 사용하는 질문법이라고 생각한다.

그러나 많은 평가자들이 'STAR' 질문을 하면서 BEI기법으로 인터뷰를 하고 있다고 오해하기 때문에 위에서 언급한 것과 같이 왜곡된 평가결과가 나오고 있다.

■ BEI기법의 효과적인 활용방법은 크게 두 가지로 볼 수 있다.
하나는 시뮬레이션기법^(가상상황)으로 평가할 때, 즉 앞서 언급한 AC의 4가지 도구를 사용할 경우에 과제 내용상 파악하기 힘든 역량이 발생할 수 있다. 실제로 평가과정에서 보면 과제 내용상으로 파악하기 힘든 특정 역량을 무리하게 평가하라고 주문하는 경우가 발생하는데, 이럴 경우에 BEI기법을 같이 사용해서 이러한 문제를 어느 정도 해결할 수 있다. BEI기법은 이론적으로는 모든 역량을 평가할 수 있기 때문이다.

또 하나는 피평가자가 소수일 경우이다.

예를 들면, 소수의 임원을 채용하거나 평가할 경우에 이들의 역량을 파악하기 위하여 과제를 새로 만들어 시뮬레이션기법으로 평가하기에는 무리가 따를 수 있다. 이런 경우에 파악하고자 하는 역량을 BEI전문가가 심층인터뷰를 통하여 평가하는 것이 효율적이다. 물론 이런 상황에서는 STAR질문이 아닌 전통적인 BEI질문기법을 활용해야 한다.

Chapter

07

Top Executives

Bottom

나는 무엇을
먼저 개발해야
하는가?

Chapter

07

나는 무엇을 먼저 개발해야 하는가?

사례 ①

    필자는 수년전 H그룹 계열사 P이사의 역량평가와 다면평가 보고서를 갖고 피드백을 하였다. 그는 10여 년전 K기업 기획실 과장으로 근무를 하다가 회사가 H그룹에 합병이 되면서 영업부서로 배치를 받고, 열심히 일한 결과 합병 당시에 같은 회사로 이동한 30여명의 과장들 중에서 유일하게 상무보로 승진하여 수도권의 지사장을 맡고 있었다. 그는 평가결과가 자신의 생각과 다소 차이가 있지만 어느 정도 평가결과에 수긍하는 모습이었으나, 향후 자신의 진로에 대한 고민이 많았다.

    P이사 : 성향으로 볼 때 저는 영업부서가 맞지 않습니다. 합병된 회사에서 살아남기 위하여 일 년에 구두 3~4켤레가 헤지도록 돌아다녔지요. 덕분에 성과도 잘 내고 유일하게 이사까지 승진을 했지요. 하지만 합병된 회사출신이라서 승진에 어려움이 많았고 제 능력을 제대로 평가 받지 못하는 것 같습니다.

필자 : 구체적인 목표가 무엇이고 어떤 부분을 제대로 평가 받지 못한다고 생각하십니까?

P이사 : 저는 전략적 사고력이 우수하다고 생각하고 K기업에서 기획실 과장을 했었기 때문에 지금 이 회사에서 기획 부문의 임원을 해보고 싶습니다. 그런데 이번 평가를 보면, 전략적 사고력이 보통으로 나왔고 대인관계를 잘하는 것으로 나와서 조금 의아합니다.

필자 : 이사님은 성향으로 보면, 영업보다는 전략이나 지원부서가 더 어울리는 것 같습니다. 그런데 지난 10년 동안 영업부문에서 필요한 역량이 개발되고 상대적으로 전략부문에서 요구되는 역량은 개발이 덜 된 것 같습니다. 물론 지난 10년 동안 고생을 많이 하셨겠지요, 그런데 향후의 목표를 설정하는데 있어서 그 동안의 경험과 현실적인 환경조건을 살펴보면 좋을 것 같습니다.

P이사 : 경험과 환경조건이 무엇인가요?

필자 : 제 생각으로는 영업기획과 영업관리에 관련된 역량이 지난 10년간 개발되어 본인도 모르게 높아진 것 같습니다. 반면에 기획력이나 전략적 사고력은 10년간 별로 개발하지 않았지요. 또한 현재 회사의 전략실 팀장이나 임원과 비교해 볼 때 이사님의 인지영역의 역량은 우수하다고 볼 수 없습니다. 제 생각에는 '양호한 사고능력'과 개발된 '영업관리 능력'이 잘 발휘될 수 있는 직책으로 목표를 잡고 노력하는 것이 좋다고 생각합니다.

P이사 : ………감사합니다. 이제야 지난 10년 동안의 막연한 목표와 내적인 갈등을 버리고 편한 마음으로 직장생활을 할 수 있을 것 같습니다.

2년 후, H그룹의 인사담당자에게서 P이사가 정식임원으로 승진하여 지방의 영업본부장으로 근무하고 있다는 소식을 우연히 들었다.

역량을 효과적으로 개발하려면 (1)인성의 특징 (2)역량 수준과 강약점 (3)전공지식과 경험 (4)주변 환경 (5)자신의 가치관과 목표 5가지를 파악해야 한다고 5장에서 언급하였다.

위의 5가지 내용을 파악했다면, 이제 문제는 "나는 무엇을 먼저 개발해야 하는가?"일 것이다.

역량개발을 위한 목표를 설정하고 계획을 수립하기 전에 다음 내용들을 참고하면 도움이 될 것이다.

각 직군에서 나타나는 임원의 역량 패턴은 다르다.

필자는 지난 수년간 기업의 임원들과 팀장들을 평가하고 피드백을 하는 과정에서 직군에 따라서 발달한 역량이 다르다는 것을 발견하였다.

어찌 보면 이는 당연한 결과일 수도 있다. 해당 직군에서 요구하는 특정 역량이 발달하였기 때문에 초급·중급관리자 시절에 해당 직군에 근무하면서 성과를 냈을 것이고, 반대로 해당 직군에서 초급·중급 관리자로 직무를 잘 수행했기 때문에 특정 역량이 더 개발 되었을 것이다.

각 직군에서 나타나는 높은 역량을 보면 다음과 같다.

(1) 전략기획부문은 인지영역(Thinking)의 역량이 실행영역(Working)과 관계영역(Relating)의 역량 보다 상대적으로 확실하게 높다.

그리고 대상자마다 개인적 차이는 있으나 다음이 실행영역이고 상대적으로 가장 낮은 역량이 관계영역이다.

회사의 비전과 전략을 수립하고 미래 회사가 나아갈 방향과 목표를 설정해야 하는 업무수행을 위해서 전략적 사고와 통찰력 등 인지영역이 높은 것은 당연할 것이다.

그러나 일부 대상자들을 보면 관계영역이 심각할 정도로 낮게 나와서 직무를 수행하는데 차질이 생기는 경우도 있다. 이런 부류는 과업지향적인 성향이 너무 강해서 업무상황에서 사람에 대한 문제에 전혀 신경을 쓰지 않거나, 부하육성에 관해서는 혼자 알아서 성장해야 한다고 주장하거나, 부하직원의 개인적 어려움이나 조직만족도 등에 신경 쓸 시간이 없다고 생각하는 경우도 많다.

(2) 경영지원부문은 3개영역의 역량이 대체로 비슷한 수준으로 나타나는 경우가 많으며, 개인적인 특성에 따라서 3개 영역의 순서는 다르다.

경영지원부문의 업무특성을 다른 부문과 비교해 보면 이러한 현상은 쉽게 이해된다. 즉, 인지영역은 전략부문 보다는 낮지만 영업이나 생산 부문 보다는 높게 나타나며, 실행영역은 영업이나 생산부문 보다는 낮지만 전략부문 보다는 높게 나타나며, 관계영역은 영업부문 보다는 낮지만 전략부문이나 개발부문 보다는 높게 나타난다.

이러한 현상은 경영지원업무의 속성을 살펴보면 이해할 수 있을 것이다.

(3) 영업부문은 관계영역과 실행영역이 높으며, 인지영역이 상대적으로 낮게 나타난다.

개인적인 특성에 따라서 실행영역이 관계영역보다 높게 나타나는 경우도 있는데, 이런 부류는 구성원들의 문제 보다는 목표달성에 더 중시하는 경우일 것이다.

영업부문의 업무속성상 인간관계를 잘 하면서 목표를 달성해야 하기 때문에 이러한 현상이 나타나며, 좀 더 세부적으로 살펴보면 직접 영업과 영업관리 그리고 영업기획에 따라서 약간의 차이가 나타나는 것을 알 수 있다.

(4) 생산부문은 실행영역이 확실하게 높고 다음으로 관계영역, 인지영역의 순서로 나타나는 경우가 많다.

개인적인 특성에 따라서 관계영역이 높은 경우도 있으나 인지영역은 상대적으로 확실히 낮게 나타난다.

생산부문의 업무속성상 어떤 난관이 있더라도 목표를 달성하는 것이 최우선의 사명이기에 실행영역이 확실하게 높게 나타나지만, 관계영역이 낮으면 사람문제에 별로 신경을 쓰지 않고 오직 생산목표만 밀어붙이는 스타일일 가능성이 높다.

(5) 연구개발부문은 인지영역이 상대적으로 높고 실행영역, 관계영역은 비교적 낮게 나타난다. 실행영역과 관계영역은 개인의 특성에 따라서 순서가 다르게 나타날 수 있다.

연구개발부문은 역량평가를 하면 평균점수가 상대적으로 다른 부문보다 낮게 나타난다. 이런 현상은 고위공무원단의 역량평가에서도 비슷한 현상이 나타나는데, 교수나 박사 등 전문가 그룹에서 역량평가를 통과하지 못하는 탈락자가 상대적으로 많이 나타난다.

이러한 현상은 업무의 속성이 전문성을 갖고 혼자서 하거나 소수의 인원이 하는 경향이 있어서, 조직을 관리하고 협력하며 성과를 창출해야 하는 실행영역과 관계영역의 역량이 낮게 나오기 때문이다.

*여기서 말하는 높고 낮음의 차이는 다른 대상자와 절대적인 기준이 아니라 3개 영역에 대한 개인의 내적인 상대적 차이를 의미한다.

상반된 주장 : '강점을 강화하자' VS '약점을 보완하자'

"제너럴리스트가 되어야 한다, 스페셜리스트가 되어야 한다." 혹은 "강점을 더 개발해야 한다, 약점을 보완해야 한다."라는 서로 상반된 주장에 대하여 어느 주장이 옳은지 궁금증이 든다. 이 부분에 대하여 나름 전문가라고 하는 사람들도 서로 다르게 주장하고 있어서 더 혼란스럽게 느껴진다.

사회에서는 'T형 인간'이 되어야 성공한다거나, 더 나아가 미래에는 'H형 인간'이 되어야 한다는 주장까지 나오고 있다.

기본적으로 두 가지 다 맞는 말이다. 즉 제너럴리스트와 스페셜리스트의 역량을 모두 갖추는 것이 필요하고, 또한 강점을 더 개발하면서 약점을 보완한다면 더 이상 좋을 것이 없다. 이렇게 되면 정말 좋겠지만 너무 무리한 요구일 것이다.

중요한 점은 자신의 직군과 직급에 따라서 다르고, 또 개별 영역의 역량수준을 참고하여 어느 부분에 더 비중을 두는가에 대한 문제일 것이다.

(1) 리더십역량 VS 직무역량

기업의 역량모델링에서 일반적으로 공통역량 · 리더십역량 · 직무역량으로 구분하여 역량을 구축한다고 하였다.

이러한 역량모델에 비추어서 설명을 하면, 직무역량과 관련된 부분에서는 스페셜리스트가 되어야 하고, 리더십역량과 관련된 부분에서는 제너럴리스트가 되어야 한다.

특히 자신의 전공이 연구ㆍ개발직 혹은 재무ㆍ회계 등과 같은 전문분야라면 스페셜리스트가 우선이며, 막연하게 해당분야 전문가 수준이 아니라 기업 내에서 최고 수준의 전문가가 되어야 한다.

또한 직급과 관련하여 살펴보면, 과장이하 시절에는 직무역량에 대한 전문성 개발에 더 중점을 두어야 한다. 그러나 과장급 이상의 관리자가 되면 리더십 역량의 개발이 더 필요하다. 즉 직급이 올라갈수록 직접 일을 처리하는 것 보다는 조직 구성원을 움직여서 성과를 낼 수 있는 리더십 역량이 더 요구된다. 이러한 이유로 기업교육에서도 과장급 이하에서는 외국어, 전공과 관련된 직무역량 분야의 교육이 많고, 과장급 이상의 교육에서는 리더십 역량개발과 관련된 교육훈련을 많이 편성하는 것을 볼 수 있다.

(2) 강점역량 강화 VS 약점역량 보완

대부분의 교육훈련이나 코칭에서 약점을 보완하기 위한 교육과 훈련을 강조하는 경우가 많다. 실제로 기업교육이나 개인적으로도 자신의 부족한 역량을 개발하기 위한 노력을 많이 볼 수 있다. 그러나 '강점혁명' 등 최근에 나온 자기개발 관련 도서를 보면 약점에 대한 보완보다는 강점을 더욱 강화해야 한다는 주장도 많이 있다. 이로 인해 많은 독자 어느 부분 개발에 중점을 두어야 할 지 의문이 들게 된다.

이 부문의 고민은 자신의 직급과 목표가 무엇이냐에 따라서 결정하는 것이 현명한 선택이다.

■ 직급과 관련해서 살펴보면, 기업에서 과장급 이하는 약점보완에 우선을 두어야 하고 부장급 이상은 강점강화에 우선을 두어야 한다고 권하고 싶다.

'3개 영역의 역량'에 비추어 보면 과장급 이하는 3개 영역 중에서 약한 영역의 개발에 중점을 두어서 전체적으로 모든 역량이 보통이상 수준으로 높이는 것이 중요하다. 아직 과장급까지는 조직을 이끄는 리더십에 대한 요구가 크지 않기 때문에 시간을 갖고 고르게 역량을 개발해야 한다. 운동선수로 치면, 청소년 시절까지는 특정 근육이나 기술을 강화하여 사용하기 보다는 기초체력과 기본기를 갖추는 것이 중요한 이유와 같다고 할 수 있다. 그래야 이후에 부장이나 임원으로 승진했을 때 다양한 리더십을 발휘하여 조직을 원활하게 이끌면서 성과를 낼 수가 있다.

반면에 부장급 이상의 직급은 강점을 더 강화하는 방향으로 역량을 개발할 것을 권한다.

사람은 40세가 넘으면 약한 역량을 개발하는 것은 현실적으로 어려움이 많고 개발하는 것이 매우 어렵다. 50세가 넘으면 개발은 거의 불가능하다고 생각할 수도 있다.

예를 들어, 오른손잡이가 어린 시절에 왼손을 자주 사용하면 성인이 된 이후에 자연스럽게 양손을 다 사용할 수 있지만, 50세가 넘어서 왼손을 자주 사용한다고 양손잡이가 될 수 있을까? 이는 매우 어려운 일이다. 물론 수년간 의도적으로 왼손을 사용하면 가능하겠지만, 그렇게 많은 시간을 투자할 가치가 있는가 하는 문제이다.

따라서 부장급 이상은 강점을 더욱 강화하여 리더십을 발휘하는 것이 좋고, 다만 자신의 약점인 역량을 깊이 인식하고 어느 정도 보완해야 하며, 자신의 약점인 역량으로 인하여 조직구성원들이나 주변 사람들이 힘들어 할 수 있다는 사실을 항상 명심하고 있어야 한다. 약한 역량에 해당하는 부분은 개발을 못하더라도 이와 관련하여 주변 의견을 듣고 피드백을 받는 것이 중요하다.

■ 목표와 관련해서 살펴보면, 자기 인생의 목표 혹은 조직에서 최종 목표가 특정분야의 최고 전문가(Specialist)로 갈 것인지, 아니면 조직의 관리자(Generalist)로 갈 것인지에 따라 다르게 생각할 수 있다.

나이가 들고 고위직급에 있더라도 목표가 전문가로 성장하여 성공할 것이라면, 강점을 더욱 개발하여 성장하는 것이 옳은 방법이다. 자신이 강점인 역량으로 인하여 현재의 위치까지 도달했을 것이고, 또한 조직에서 이러한 역량의 발휘를 계속 요구할 것이다. 다만 자신의 약점인 역량에 대한 인식을 정확히 하고 이로 인한 불이익이나 피해가 발생할 가능성을 항상 염두에 두어야 한다.

반면에 관리자로 성공하는 것이 목표라면, 나이가 들고 직급이 높더라도 상대적으로 약점을 보완하는데 시간과 노력을 투자할 것을 권한다. 앞서 언급한 것처럼 약점을 개발하려면 많은 시간투자와 의지가 필요하다. 따라서 필자는 개발 보다는 약점 역량으로 인하여 피해가 발생하지 않도록 보완할 것을 권한다.

(3) 최하 역량의 법칙

'3개 영역의 역량' 중에서 어느 특정 역량이 너무 낮으면, 다른 영역의 역량들이 높더라도 관리자로서 조직을 효과적으로 이끄는 데 한계가 올 수 있다. 즉, 약한 역량이 다른 강점 역량에 악영향을 미쳐서 결국 리더십 발휘와 조직성과에 부정적 영향을 미친다.

예를 들어, 인지영역(Thinking)의 역량이 아무리 우수하여도 실행영역의 역량이 수준 이하의 낙제점이면, 비전이나 전략이 탁상공론이거나 좋은 계획과 아이디어가 현실성이 부족한 공상이나 허상이 될 가능성이 있고, 관계영역의 역량이 수준 이하의 낙제점이면, 같이 일할 구성원들이 어려움을 겪어서 중장기적으로 조직을 운영하고 성과를 창출하는데 어려움을 겪게 된다.

실행영역(Working)의 역량이 아무리 우수하여도 인지영역의 역량이 수준 이하로 부족하면, 회사가 요구하는 방향과 전략을 정확히 모르고 엉뚱한 일을 벌리거나 무모한 계획을 수립하고 실행할 가능성이 있으며, 관계영역의 역량이 수준이하로 부족하면, 구성원들을 강압적으로 독려하여 단기적인 성과창출은 가능하지만 구성원들의 반발로 인하여 조직관리에 어려움을 겪고 중장기적으로 성과창출이 힘들게 된다.

관계영역(Relating)의 역량이 아무리 우수하더라도 인지영역의 역량이 수준 이하로 부족하면, 정책방향을 제대로 이해하지 못하고 헤매거나 효과적인 대안을 제시하지 못하여 구성원들이 직무를 수행하는데 어려움을 겪을 가능성이 있고, 실행영역의 역량이 부족하면 조직분위기만 좋고 성과는 별로 창출되지 않을 가능성이 있다.

따라서 리더가 조직이 요구하는 성과를 창출하기 위해서는 상대적으로 약한 역량이 최하 어느 정도의 수준 이상이 되어야 가능하다. 이를 '최하 역량의 법칙' 이라고 정의한다.

각 영역에서 역량의 최하 수준이 어느 정도인지는 조직의 특성과 직급에 따라 다르게 나타난다.

열정을 갖고 노력하면 꿈은 이루어지는가?

요즘 학생들은 초등학교시절부터 대학입시를 준비하는 관계로 꿈이 없이 살고 있다고 한다. 또한 대학생들은 취업문제로 꿈이 없이 대학생활을 보낸다고 한다. 그래서 사회와 학교에서는 청소년들에게 "꿈을 가져라"라고 강조하고 있지만, 현실의 벽 앞에서 별로 효과가 없는 것 같다.

대학생들에게 강의와 상담을 해 보면, 학교와 사회에서 꿈과 열정을 강조하지만 피부에 와 닿지 않는다는 의견이 많다. 직장에 입사한 신입사원들도 기업에서 회사의 비전과 열정을 강조하지만 마찬가지로 별로 피부에 와 닿지 않는 것 같다.

과연 "열정을 갖고 노력하면 꿈은 이루어지는 것인가?"

필자는 "자기인식과 환경조건을 정확히 인식하고 꿈을 설계하라"고 권하고 싶다. 앞의 사례에서도 본 것처럼 자기인식과 환경조건을 무시한 채로 막연히 꿈만 꾸면서 열정을 갖고 도전했다가 인생을 실패한 것을 보았다.

자기인식과 환경조건을 간과한 채로 꿈을 꾸는 것은 그냥 막연한 꿈에 불과한 것이다.

열정을 갖고 노력하기 전에 아래의 내용을 참고한다면, 좀 더 실현 가능한 꿈을 설계하고 달성 가능한 효과적인 방법을 찾는데 도움이 될 것이다.

(1) '1만 시간의 법칙'은 틀렸다

수년전 국내에서 최고의 베스트셀러가 되었던 〈OUTLIERS〉의 저자인 말콤 글래드웰Malcolm Gladwell은 그의 책에서 빌게이츠, 비틀스, 모차르트 등 시대를 대표하는 천재들의 공통점은 한 분야에 '1만 시간'의 노력을 투자하였기 때문에 성공하였다고 주장하며, 자신의 분야에서 최고의 자리에 오르기 위해서는 선천적 재능 보다 '1만 시간' 동안 꾸준히 노력해야 한다고 주장하였다. 이후 국내에서는 '누구나 한 분야에서 1만 시간을 투자하면 성공할 수 있다'는 주장이 당연한 것처럼 널리 퍼졌다.

필자는 개인적으로 이러한 주장에 동의하기 어렵다. 재능이나 성향이 맞지 않는 분야에 아무리 많은 시간을 열정적으로 투자해도 기대하는 성과를 얻기 어렵거나 원하는 성공을 이루기는 불가능하다.

작년에 이와 관련된 중요한 논문이 국제적 권위의 심리학 학술지인 〈심리과학〉에 실렸다. 논문의 결론은 "아무리 노력해도 선천적 재능을 따라잡기는 힘들다"는 것이다.

미시간주립대학의 잭 햄브릭 교수는 "한 분야에서 최고가 되기 위해 꾸준한 노력이 필수적이지만, 선천적 재능과 비교했을 때 대부분의 사람이 생각하는 것 만큼 절대적인 요소는 아니다"고 주장하였다.

그는 선천적인 재능과 후천적인 노력의 관계를 조사한 88개의 논문을 연구하였다. 그에 따르면, 학술분야에서 노력한 시간이 실력의 차이를 결정짓는 비율은 4%에 불과한 것으로 나타났으며, 예술과 스포츠 등은 20~25%였다고 한다. 어떤 분야든 선천적 재능이 없으면, 아무리 노력해도 대가大家가 될 수 있는 확률은 별로 높지 않다는 것이 그의 결론이다.

어떤 분야에 최고 전문가가 되거나 혹은 어떤 위치에 도달하는 꿈을 갖고 노력하는 것은 매우 중요한 일이고 반드시 그렇게 해야 한다. 그러나 이 보다 더 중요한 것은 자기인식을 정확히 하고 환경을 고려하여 꿈을 꾸고 목표를 수립해야 하는 것이다.

(2) '잘하는 것'과 '좋아하는 것'

"잘하는 것을 해야 한다"와 "좋아하는 것을 해야 한다"의 주장도 항상 대립하면서, 나름 전문가라고 하는 사람들도 서로 다르게 주장을 하고 있다. "좋아하는데 잘하는 것" 혹은 "잘하는데 좋아하는 것"을 선택하는 것이 제일 좋은 방법일 것이다. 하지만 현실은 이렇게 행복한 선택을 할 수 있는 경우가 쉽게 나타나지 않는다.

직업선택이나 자신의 전공분야를 선택할 경우에 두 가지가 다른 분야라면, 최대한 접점을 찾는 것이 좋은 방법이다. 그러나, 만일에 접점을 찾을 수가 없는 상황이어서 하나를 선택해야 한다면, '잘하는 것'을 선택하는 것이 현명한 방법일 것이다.

앞에서 말한 '선천적 재능과 노력'에 비추어 보면, '잘하는 것'은 선천적인 재능과 관련성이 더 깊게 있고, '좋아하는 것'은 선천적인 재능도 있지만 주변 환경과 학습에 의하여 내재되었을 가능성이 상대적으로 높다. 사람들은 일반적으로 어린 시절에 잘하는 것은 성인이 되어서도 잘 하지만, 좋아하는 것은 나이가 들거나 환경이 변화하는 경우에 따라서 상대적으로 자주 변하는 것을 알 수 있다.

자신의 '역량개발 계획표'를 만들자

이제 역량개념에 대한 이해가 되었고 역량개발 방법이 이해가 되었다면, 자신의 역량개발 계획표를 만들어서 지속적으로 노력하기를 바란다.

먼저 '자기인식표'를 별도로 작성하여 관리하자. 자기인식표는 처음에 정확히 작성하면 역량개발을 하는 과정에서 수정할 내용이 별로 없기 때문이다. 자기인식표를 작성할 때 특히 신경을 쓸 것은 성향과 역량에 관한 파악이다. 이 두 가지는 자칫 자신의 주관적 판단에 빠질 수 있기 때문에 객관적으로 진단·평가를 받는 것이 중요하다. 성향검사는 시중에도 여러 가지 검사지가 있기 때문에 개인적으로 진단할 수 있는 방법이 많이 있다. 역량은 진단지로 정확하게 평가할 수 없는 면이 있어서 정확히 파악하는데 어려움이 있겠지만, 4장에서 제시한 자가진단표를 활용하면 어느 정도 도움이 되리라 생각한다.

또 다른 좋은 방법은 '어린 시절과 현재 자신의 모습을 비교해 볼 때, 행동이나 성향이 다르거나 바뀌었다고 생각되는 것이 무엇인지'를 자신이 스스로 생각해 보는 것이다. 이유와 활용방법은 2장에서 자세히 설명하였기 때문에 여기서는 굳이 설명을 하지 않는다.

다음은 '역량개발 계획표'를 작성하자.

이 표는 1주일 또는 열흘 단위로 표를 만들고 매일 체크하는 것이 좋다. 그리고 변화된 결과나 느낌을 한 달 또는 분기 단위로 정리할 것을 권한다.

목표는 반드시 장기와 단기로 구분할 것을 권하며, 단기목표달성을 위한 실행계획은 1~3개 정도를 수립하면 좋을 듯하다. 한 가지 주의할 것은 가급적 단순하고 즉시 할 수 있는 것을 수립할 것을 권한다.

피드백과 관련해서는 스스로 점검하고 결과를 피드백 하는 것도 좋지만, 후원자를 지정하여 제3자의 의견을 듣는 것이 효과가 크다. 흔히 금연이나 다이어트를 할 때 주변에 소문을 내야 효과가 있다는 것처럼, 누군가가 지켜보고 확인을 할 때 실천력이 더 강해질 수 있다. 또한 제3자가 객관적인 입장에서 나를 평가하고 피드백 해주는 것이 더 도움이 된다. 후원자는 직장의 동료, 가족 등 자신을 자주 관찰하고 객관적으로 평가해 줄 사람이어야 한다.

마지막으로 일정기간 동안 노력을 한 결과에 대한 자신의 느낌을 정리하기 바란다. 보람, 어려운 점, 새롭게 알게 된 것 등 무엇이라도 상관없다.

[표1] 자기 인식표

자기인식	성 향		
	역 량	강점	
		약점	
	전공/경험		
	환경조건		
	가치관/목표		

[표2] 역량개발 계획표

목 표	장기	
	단기	
계획수립	plan 1	
	plan 2	
	plan 3	
실행/점검	1일차	
	2일차	
	3일차	
	4일차	
	5일차	
	6일차	
	7일차	
	8일차	
	9일차	
	10일차	
피드백	후원자 1	
	후원자 2	
느낀점		

"결국 역량의 차이라는 것을 알았다."

우리나라 근로자들의 생산성이 마국 근로자들에 비하여 떨어진다고 많이 이야기를 한다.
학교와 기업에서 주입식 교육으로 훨씬 더 많은 것을 배우고 이해하고 있지만, 고성과를 내는데
필요한 역량은 상대적으로 미흡한 것이다.

우리나라 근로자들의 생산성이 마국 근로자들에 비하여 떨어진다고 많이 이야기를 한다. 이는 단순히 공장 근로자 뿐 아니라 사무직에서도 공통적으로 나타나는 현상이다.

이러한 현상을 필자는 이해하기가 어려웠다. 우리가 학생시절에 더 열심히 공부하고 직장에서도 훨씬 더 열심히 근무를 하는데, 왜 우리가 생산성이 떨어진다는 것일까?

답은 결국 역량의 차이라는 것을 알았다.

즉, 우리나라 근로자들은 학교와 기업에서 주입식 교육으로 훨씬 더 많은 것을 배우고 이해하고 있지만, 고성과를 내는데 필요한 역량은 상대적으로 미흡한 것이다.

수 년 전 필자는 한 미국교포 청년 K군과 대화에서 작은 충격을 받았다. 그는 초등학교 3학년에 미국으로 이민 간 1.5세대 교포이고 대학에서 역사학을 전공하고 국내에 들어와서 직장을 다니고 있었다.

필자도 역사에 관심이 있는데, 건국한지 250년 밖에 안 된 미국에서 역사시간에 무엇을 배우는지 궁금해서 질문을 하였다. K군은 중학교 3학년 당시의 사례를 들려주었다.

K군 : 대부분의 과목은 발표와 토론으로 수업을 합니다. 사전에 집에서 책을 읽고 자신의 의견을 정리하여 토론에 참여합니다. 역사과목도 마찬가지입니다.

필자 : 역사는 과거의 사실인데 그냥 외우면 되지! 중학생들이 무엇을 토론하나?

K군 : 당시 저희 역사 선생님은 미국육사를 졸업하고 베트남전에 참전했던 참전용사였습니다. 전역 후에 역사 선생님으로 근무를 하였지요.

필자 : 우리나라는 5천년 역사인데, 250년 밖에 안되는 미국에서 역사시간에 무엇을 배우지?

K군 : 베트남전에 관해서 배우는 시간에 그 선생님은 "베트남전 당시에 미국은 베트남에 더 많은 폭격을 하고 더 많은 군인을 파병하여 북베트남군을 완전히 섬멸했어야 했다. 그런데, 일부 정치인과 학생들이 평화시위를 하고 전쟁을 반대하면서 미군철수를 요구하니까 정치인들이 철수를 결정했다. 아주 잘못된 결정이었고 결국 베트남과 캄보디아는 공산화가 되어서 동남아시아가 위험에 빠졌다. 그리고 미국은 역사에 패배라는 수치스런 기록을 남겼다. 혹시 다른 의견이 있으면 발표해라."라고 설명을 했지요.

필자 : 허엑! 미국 역사교과서에 그렇게 쓰여 있니?

K군 : 아니요, 그냥 그 선생님의 개인 의견이지요.

필자 : 교과서에 없는 내용을 그렇게 중학교 3학년 학생들에게 편향되게 일방적으로 가르치고 있다는 말이야? 학교나 학부모들은 알면서 가만히 있다니, 이해할 수가 없네.

K군 : 무엇이 문제인가요? 어쨌든 한 학생이 일어나서 선생님 의견을 반박했어요. "선생님, 저는 반대로 생각합니다. 베트남전쟁은 처음부터 미국이 개입하면 안되는 전쟁이었습니다. 프랑스에서 스스로 독립한 베트남에 왜 미국이 전쟁을 일으켜서 수많은 인명피해를 가져오고, 수만 명의 미국 젊은이들이 전쟁에 강제로 참전하여 죽어야 합니까. 미국의 참전을 결정한 정치인들이 무조건 잘못한 것입니다."

필자 : 아니, 중학교 학생이 그렇게 논리적으로 선생님의 의견을 정면으로 반대한단 말이야?

K군 : 네! 선생님은 좋은 의견이라고 칭찬하고 수업은 끝났습니다.

짧은 대화 내용이었지만 필자에게 큰 충격이었다. 우리나라에서 역사 과목은 일방적으로 가르치고 암기하는 것이다.

시험을 볼 때도 정답은 정해져 있고, 사건의 배경, 과정, 결과, 미친 영향을 차례대로 써야 좋은 점수를 받는다. 미국에서는 정답은 없고 자신의 생각을 논리적으로 정리하고 발표해야 좋은 점수를 받는다고 한다. 우리나라와 같이 교과서에 있는 내용을 정리하여 작성하면 B점수를 준다고 한다.

초등학교부터 위와 같이 토론을 하면서 교육을 받으면, 자신도 모르게 토론을 준비하고 발표를 하면서 논리성, 표현력, 경청, 의사소통, 실행력 등과 같은 역량이 개발된다. 우리나라 실정은 초등학교부터 대학교까지 일방적인 강의식 교육이 주로 이루어지고, 정해진 정답을 빨리 찾고 논리적으로 서술하는 식으로 배웠다. 그러다 보니 사회나 직장생활에서도 정해진 순서에 맞게 일을 빨리 하는 것은 잘하지만, 정답이 없는 상황에서 서로 토론하고 협력하여 최선의 방법을 찾는 것은 매우 어려워한다.

바로 우리나라 직장인들이 미국의 직장인들 보다 역량이 떨어지는 원인이라고 생각한다. 우리는 회사에 다니기 시작하면, 그 때부터 역량을 개발하고 효율적으로 일을 하는 방법을 배우기 시작한다. 미국사람들은 학창시절에 자연스럽게 이러한 역량을 개발하면서 성장하고 직장생활을 시작하다.

예를 들면, 우리나라 기업에서 '수평적 의사소통' 이나 '효율적 회의진행' 에 대한 교육을 자주 한다. 하지만 회의를 짧게 하고 수평적 의사소통을 하라고 강조해도, 잠시 그렇게 하는 척만 할 뿐 제대로 이루어지는 경우는 없다. 만일 회의를 짧게 진행했다면, 대부분의 경우에 효율적인 토론 없이 상사에 의하여 일방적으로 방향과 결론이 정해졌을 것이다.

다시 한번 강조하고 싶은 것은 역량개발은 머리로 이해하는 것이 아니고, 몸으로 실행하면서 느끼고 습관화 하는 것이다. 따라서 어린 시절부터 스스로 여러 가지 생각과 고민을 하고 다양한 행동을 자주 하면서 개발되는 것이다. 짧은 시간에 이해하고 행동해서 개발이 된다고 생각하지 말라.

요즘 대학생들이 취업을 앞두고 면접을 잘 보기 위해서 컨설팅을 받거나 학원에 다니는 경우가 있다고 한다. 심지어 일부 직장인들도 역량평가(AC)를 잘 받기 위해서 컨설팅을 받거나 학원을 다니는 경우가 있다고 한다. 대부분의 학원에서 가르치거나 컨설팅을 하는 경우를 보면, 비전문가들이 몇 가지 스킬을 가르치고 있는 것을 알 수 있다. 역량평가를 통과하고 면접을 잘 보는 것이 급하다 보니 그럴 수도 있겠지만, 기대만큼 효과를 얻기는 어려울 것이다.

필자도 신입사원 면접이나 기업의 간부급에 대한 역량평가를 할 때, 몇몇 사람을 보면 학원에서 몇 가지 스킬을 단기간에 배우고 평가에 참여했다는 것을 발견할 때가 있다. 평가위원들은 이렇게 몇 가지 스킬을 배워서 하는 것에 별로 점수를 주지 않는다. 평가위원들은 결코 단순한 스킬 몇 가지에 속지 않는다. 스킬이 없고 투박해 보여도 역량이 높은 사람에게 좋은 점수를 준다.

역량은 단기간에 몇 가지 스킬로 개발되는 것이 아니고 평상시에 지속적으로 행동해야만 개발이 된다.

마지막으로 언급하고 싶은 것은 자신에게 맞는 개발방법을 찾아야 한다는 것이다.

녹용과 인삼이 아무리 좋아도 체질적으로 몸에 안맞는 사람이 상당수 있다고 한다. 녹용과 인삼이 효과가 없거나 오히려 건강에 안 좋은 경우가 있다는 것이다. 체질을 파악하고 보약을 먹듯이, 자신의 체질에 맞는 자신만의 역량개발방법을 찾을 것을 권한다.

아무쪼록 이 책을 읽은 독자들은 역량을 제대로 이해하고 자기인식과 실천을 통하여 역량개발이라는 목적을 효과적으로 이루기를 바라는 마음으로 글을 마친다.

2016년 새아침에

저자 **신원철**

도서출판 **프로방스** 주요 도서목록

김현용 · 이원선 공저
192면/15,800원

금융산업은 정보의 비대칭에서 오는 우위를 한동안 누려온 것이 사실이다. 그러나 숨겨진 비용과 투자 위험, 세금과 대한 과장된 공포 마케팅에 대해 현명한 금융 소비자들이 알아채기 시작했다. 재무설계사는 여전히 정보의 사각지대에 놓인 이들이 더 이상 시행착오를 겪지 않게 하기 위해 존재해야 한다. 필자는 소비자들에게 현명해지기 위해서 좋은 재무설계사를 찾고, 그들을 적극적으로 활용하라고 조언한다. 이 책을 통해 일반인들은 현명한 금융소비자가 될 수 있는 안목을, 재무설계사 지망생들은 재무설계사의 세계를 미리 엿볼 기회를 갖게 될 것이다.

정동훈 이상호 지음
264면/값 15,000원

이 책은, 뿌리가 사과나무인데 노력하면 감을 얻을 것이라고 말하지 않는다. 먼저 내뿌리가 무엇인지 발견하도록 안내 할 것이다. 당신의 삶에서 가장 소중한 것이 무엇이고 그것을 실현시키는데 재정관리의 초점을 맞추도록 도울 것이다.

이우각 지음
296면/값 13,000원

이 한 권의 책이 많은 이들의 생각과 인생을 바뀌 먼 후일 자신의 성공과 이웃의 자랑거리를 차곡차곡 쌓아놓게 되기를 진심으로 바란다. 먼 길을 걷는 데는 단 한 켤레의 신발이면 족하다. 어둡고 무서운 긴동굴을 무사히 빠져나가려면 무엇보다도 등불이 필요하다. 이 한 권의 책이 먼길을 걷는 신발이 되고 동굴을 통과하는 등불이 되기를 바란다. 그리고 우리시대의 '아픈' 십대, '아픈' 청춘들에게도 무지개 곱게 뜬 높은 하늘이 멋들어지게, 희망차게 펼쳐지기를 진심으로 바란다.

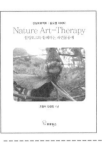

조창이 안현진 지음
240면/값 20,000원

이 책은 휴양림에서 즐기는 일반적인 숲체험 내용을 바탕으로 엮었습니다. 최근들어 어딘든 숲을 찾는 이들이 많아졌습니다. 산림청에서는 산림휴양서비스의 일환으로 산림치유 프로그램 등 다양한 산림문화로 숲을 찾는 이들에게 즐거움을 주고 있습니다.

이영주 지음
224면 / 값 15,000원

이 교재는 재무설계를 시도하면서 많은 고민을 하고 있는 재무설계사들에게 보다 쉽고 보다 간편한 방법으로 재무설계를 실행할 수 있도록 도움을 주기 위해 만들었다. 재무설계 프로세스 6단계를 원칙대로 준수하면서도 재무설계 교재들의 이론적이고 딱딱한 내용이 아닌 현장에서 바로 적용할 수 있는 생생한 내용들을 담았다. 필자가 5년여 동안 재무설계 상담을 하면서 경험한 내용들을 바탕으로 '어떻게 하면 고객을 상담 테이블에 앉힐까?', '어떻게 하면 고객의 마음을 움직여서 재무설계를 실행하도록 할까?'에 대한 실제적인 답을 제시하고자 했다.

김현용 지음
400면 / 값 18,000원

재무상담실에선 어떤 이야기가 오고 갈까? 내 동료는 재무상담을 통해 어떤 고민을 털어놓을까? 재무설계사는 그런 고민들을 어떻게 풀어갈까? 저금리, 고령화의 화두를 뛰어 넘어, 구체적인 재무상담 사례를 통해 이 시대를 살아가는 우리 자신의 생생한 고민들이 이 한 권에 담겨 있다. 또한 4년에 걸친 오프라인 수업을 통해 검증된 재무설계학교 최신 수업내용의 일부도 살짝 공개한다. 한국FP협회가 주관하는 'Best Financial Planning Contest'의 2011년 수상자인 저자와 함께, 재무상담의 실제 현장을 엿보는 소중한 경험을 통해 독자들 한 분 한 분이 '현명한 금융소비자'로 거듭날 수 있기를 기대해본다.